intérieur extérieur

Les architectes et leur maison

intérieur extérieur

Les architectes et leur maison

TEXTE
Jean-Louis André

PHOTOGRAPHIES
Éric Morin,
avec la collaboration
de Sylvie Bouron

1

Sommaire

Avant-propos

Design, espace, art de vivre...

OÙ PEUT VIVRE CELUI QUI FAIT PROFESSION de construire pour les autres ? Il ne s'agit pas ici de visiter simplement une galerie personnelle ni d'entrevoir une intimité, ni même de chercher à percer les petits secrets d'un artiste. D'ailleurs, les architectes sont-ils des artistes comme les autres ? Vaste débat, dont se dégage en tout cas une certitude : vus par le trou de la serrure, dans le creux de leur salon, les architectes restent ce qu'ils sont d'abord, des maîtres à habiter. Entrer chez eux, c'est forcément les prendre au mot.

Il y eut ceux qui prétextèrent des intérieurs trop en travaux, ceux qui s'abritèrent derrière le refus de madame, promue, vaille que vaille, maîtresse de leurs étranges demeures, ceux qui proposèrent de nous recevoir à bras ouverts, sans façons. Mais qu'il esquive la demande en invoquant une intimité à protéger, qu'il déclare ne rien avoir à montrer, qu'il considère au contraire sa propre maison comme son laboratoire ou son manifeste, l'architecte ne peut prétendre échapper à la question. Car en son domaine il est, par essence, emblématique.

Une petite vingtaine accepta de jouer le jeu. Aux quatre coins du monde, nous les avions choisis à l'origine parce qu'ils incarnent les grands courants de l'architecture contemporaine. Cohabiteraient ainsi, comme cela se fait dans les concours internationaux, les représentants de ces écoles actuelles aux noms tous aussi barbares : postmodernes, néo-brutalistes, déconstructivistes, ou, tout simplement, individualistes inclassables par vocation.

Oswald Mathias Ungers, l'un des grands maîtres allemands actuels, qui fut notre première rencontre, nous déclara ne vivre que par idéologie et contrainte dans un bâtiment construit par lui-même. Il voudrait parfois s'évader, aller voir ailleurs. Il ne le peut pas. Sa maison personnelle, c'est l'utopie nécessaire, la vérité, sa vérité, à laquelle il est condamné. À l'opposé, Massimiliano Fuksas prétend ne pas se reconnaître dans son intérieur, puisqu'il a été mis en forme par son épouse. Et c'est bien ainsi, car tout créateur doit, selon lui, savoir rester nomade.

Ainsi la « machine à habiter », pour reprendre la définition de Le Corbusier, n'a pas tardé à produire sa logique à elle. Loin des débats d'école et des étiquettes d'usage, la maison s'est révélée, en somme, comme la cristallisation du rapport plus ou moins conscient que chaque architecte entretient avec sa profession et son œuvre. On vit ainsi se dessiner, de bibliothèques en salles à manger, de salons en chambres à coucher, une typologie marquée. Les militants (Parent, Chemetov...) qui habitent un intérieur plus ou moins à l'image de ce qu'ils construisent pour les autres. Les utopistes (Bofill, Domenig, Yoh...) qui réalisent à leur intention ce que le client et la société ne leur permettent pas de faire le reste du temps. Les joueurs (Imagawa, Stöter, Venturi...) qui révèlent, à travers leur maison, leur façon de rêver l'architecture. Mais aussi une foule d'autres qui ne théorisent pas outre mesure, mais revendiquent, simplement, le droit d'être heureux chez eux.

Un voyage à mille lieues du voyeurisme ordinaire, qui nous a finalement projetés aux sources mêmes de la création architecturale.

Qu'il rêve d'une maison-cocon ou au contraire d'une maison-laboratoire, l'architecte ne peut se dérober. Il est, par essence, au cœur de la problématique de l'habitat.

De l'usine au monastère

Ricardo **Bofill**

Un rituel quotidien : le petit déjeuner dans la grande cuisine.

1939
Naissance à Barcelone.
1968
Circle : premier long-métrage.
1974
Fondation du Taller de Arquitectura.
1975
Projet du Forum des Halles, Paris.
1978
Antigone, Montpellier.
1997
Marché Saint-Honoré, Paris.

On voit la cheminée de loin, depuis l'autoroute. Puis les anciens silos, dressés sur les entrelacs de voies rapides, de grands ensembles en réhabilitation perpétuelle, d'entrepôts et de hangars. Forteresse campée sur le désastre de la banlieue de Barcelone, ruine de béton et de briques ensevelie, jour après jour, sous les cyprès et le lierre, la Fabrique de Bofill participe du paysage environnant et le refuse en même temps. Passé la grande grille, on se gare entre les eucalyptus, sous des tonnelles. La végétation a adouci la carcasse déchiquetée de ce qui fut, de toute évidence, une usine où des hommes ont sué, et souffert. Encore un portail d'acier, qui s'ouvre automatiquement si vous avez été annoncé, et vous voici de l'autre côté, dans une espèce de monastère postindustriel où les voix résonnent et où, pourtant, l'on peut vivre à deux, trente, cinquante ou cent sans entamer le silence.

Au petit déjeuner, pris dans la cuisine, l'artiste parle en toute simplicité. Comme chaque jour, sa tribu, femme, enfants et collaborateurs, vient le rejoindre, au rythme des réveils. Le majordome a pris soin de lui préparer, à l'avance pour qu'il n'attende pas, un jus d'orange frais et de disposer avec un soin méticuleux le journal à côté de son assiette, sur la

Page de gauche
La Fabrique, un monument campé dans la banlieue industrielle de Barcelone.

Au retour d'un voyage, Marta, qui vit et travaille avec Ricardo, retrouve Rothko, le chien de la maison.

La galerie hyperréaliste de Bofill. Un paysage urbain transfiguré par l'encadrement des ruines.

nappe blanche. On connaît les habitudes du maître. Ici, c'est son lieu, celui sur lequel, pour une fois, il n'a pas à se justifier ni à entamer de polémique. Il n'a pas besoin d'emphase pour évoquer le refuge de sa mémoire. La Fabrique est le seul endroit, au bout du compte, au bout de voyages par centaines, où il se sente chez lui. « Je parcours le monde, je m'imprègne de la vie des hommes, mais c'est ici, et ici seulement, que je peux créer. »

Bien sûr, il sait que rien, dans ce monument sculpté à l'échelle de son imaginaire, n'est taillé pour une vie ordinaire. Que les visiteurs repartent ébahis, certes, mais que peu d'entre eux accepteraient en vérité de vivre dans un espace qui transforme chaque geste du quotidien en grand-messe de cathédrale. Il s'en moque. Son palais, qui pourrait tout aussi bien passer, vu les matériaux choisis, pour un manifeste d'arte povera, est conçu pour lui, rien que pour lui et ceux qui l'entourent. La maison de Bofill, c'est son architecture à l'état brut, sans aucune des concessions qu'impose d'ordinaire l'exigence de construire pour d'autres.

À l'origine – c'était il y a trente ans –, il y avait le geste quasi militant d'un jeune homme pas encore célèbre, mais convaincu qu'en architecture, les causes perdues n'existent pas. « Ici, ce n'était que fumée et laideur. Il y avait une ancienne cimenterie, l'une des plus grandes de Barcelone. Elle était en ruine, encore pleine de monstres de métal et de tonnes de gravats, quand je suis arrivé. » Des photos d'époque, annotées au feutre par l'architecte lui-même, témoignent à l'appui. Il a taillé dans le bloc pour inventer une autre

logique. Il fallait un certain courage, à l'époque, pour s'installer dans ce lieu. Il en a fallu encore davantage pour lui demeurer fidèle, quand le moindre des notables, à Barcelone, choisit sans hésiter les hauteurs rondouillettes de Vallvidrera ou du Tibidabo, où l'on est entre soi depuis la Belle Époque.

Mais l'esprit, dans cette ville où la fameuse « gauche divine » avait enterré Franco dans la fumée des bars bien avant qu'il ne fût mort, a toujours été à l'expérimentation. En Catalogne, pays de commerçants, mais aussi d'artistes fous, on a vécu 68 comme on pouvait. Sur cet immense terrain, où les silos flottaient encore sur les décombres, Bofill décida de construire la première utopie de sa vie. Double : l'une pour lui, l'autre pour quelques-uns de ses contemporains, de préférence

artistes ou marginaux. Cela donna, côte à côte, sa propre maison et un bloc d'habitations collectives, plein de dédales et de gouffres. Ce ksar du désert revisité par la modernité fut appelé Walden 7 en référence à l'utopie d'Henri Thoreau, poète américain auteur de *Walden ou la Vie dans les bois* (1854). Tout y était

Ci-dessus
Habiter des silos, c'est explorer un monde courbe.

Ci-contre
Ici, on vit sur terre, sous terre, mais aussi face au ciel, sur les terrasses. C'est sur l'une d'entre elles que Bofill vient de construire son sauna, inspiré des pavillons de thé japonais.

Double page précédente
De l'ancienne Fabrique, Bofill a conservé quelques éléments métalliques. C'est l'industrie promue sculpture.

Ci-contre
La « cathédrale » : un espace qui ritualise chaque geste du quotidien.

De la végétation entre les ruines. La vie et la mort en grand spectacle.

pensé, jusqu'à la mise en cause, par l'architecture, de la structure familiale du couple traditionnel. Les appartements étaient prévus pour des célibataires... ou des communautés.

Chez lui, en revanche, Bofill travailla d'instinct. On cherche en vain aujourd'hui un plan général de l'ensemble. Il n'en a jamais fait, préférant sculpter au coup par coup, rajouter ici une fenêtre, là un toit ou une façade de vitre. Les silos, bien sûr, sont toujours là, mais ils sont éventrés, percés de fenêtres gothiques, et il a mis des passerelles pour les relier, à moins que les passerelles, rongées par la rouille, n'aient toujours existé. Au centre de chaque silo, un escalier, hélicoïde sans fin, dessert sur trois étages des pièces forcément rondes.

En poussant la visite, on déboucherait, tout en haut, sur le ciel. On se lancerait alors dans un long parcours sur les toits, où l'architecte s'amuse, entre deux carrés d'herbe, du vertige

« Je mène une existence de nomade, d'un aéroport à l'autre. J'ai la passion de comprendre toutes les civilisations. »

qui saisit le commun des mortels. Tout au bout, un grand pan de mur en partie écroulé, avec des fenêtres carrées, vides, qui encadrent avec la plus parfaite rigueur le désastre de la ville. « Je refuse d'accrocher des tableaux chez moi, commente Bofill, mais regardez : j'ai la plus belle galerie hyperréaliste que l'on puisse imaginer. »

En bas, au contraire, l'escalier s'enfonce dans de mystérieux souterrains. Fidèle à Piranèse, qui l'a beaucoup influencé, l'architecte en a fait des lieux de vie. Il les a transformés en galerie d'exposition, en ateliers de maquettes ou en salles d'archives. Ce sont les fondements à la fois du lieu et de l'homme.

Maquettes et plans des projets successifs du Taller s'accumulent dans la cathédrale, qui sert à la fois de salle de réunion et d'exposition.

Dans les silos, on trouve tantôt des bureaux, tantôt des appartements pour les invités et les amis. Cette combinaison apparemment aléatoire n'est bien sûr pas fortuite. Bofill y voit en réalité une manière d'abolir les frontières entre privé et public, lieu de création et de résidence. « Je ne peux pas et je ne veux pas séparer ma vie dite privée de mon travail. Passer ma journée dans un lieu et être un autre, le soir, lorsque je retrouve ma famille. Je déteste ce mensonge ordinaire qu'imposent les conventions bourgeoises. »

Il habite, lui, de l'autre côté du patio central, dans un monde en grande dimension. Au cœur de l'édifice, là où étaient jadis les engrenages et

les broyeuses, l'ancienne salle des machines aussi haute que large. Les cuves, passées à l'ocre comme tous les murs, y forment des orgues insolites. Cette « cathédrale », comme dit Bofill lui-même, est restée longtemps ouverte aux quatre vents, comme un *no man's land*, ni dedans ni dehors. Elle est désormais vitrée, pleine de maquettes et de plans. Retour sur les Halles, le projet gagné qu'il n'a jamais réalisé. L'aéroport de Barcelone qui ressemble à un jouet d'être ainsi mis en vitrine. Une photo d'un gratte-ciel construit à Chicago.

À quoi sert cet espace monumental ? À tout. On y gare la voiture, on y donne des fêtes pour cinq cents personnes, on y joue du piano le dimanche soir, au retour d'un week-end sur la Costa Brava. C'est selon les humeurs et les saisons. On le traverse aussi, en été, pour aller déjeuner dehors, dans un petit jardin aussi carré et ordonné qu'un cloître.

L'habitation proprement dite commence au-dessus de la cathédrale. On y accède par des escaliers dérobés, volontairement étroits, ou par l'ascenseur personnel de l'artiste, cabine ouverte, patinée et close d'une simple barre de cuivre. L'ascension, ralentie à plaisir, permet d'effleurer des planches de brique, des pans de béton. Il reste des coups de truelle et des bouts de coffrage. Bruts. Le voyage s'achève dans la salle « cubique », pièce à vivre où des tentures de lin blanc caressent en toute majesté d'anciennes ferrailles. Au plafond, un rapiéçage de bois, grossièrement cloué, qui masque on ne sait quoi, a été conservé. Vrai ou faux provisoire ?

De toute façon, il n'a jamais été question de finir quoi que ce soit. D'abord parce que la surface totale de cette friche était au-dessus des moyens de l'architecte, fût-il de carrure internationale. Ensuite parce que l'homme, qui n'est pas compatriote de Dalí pour rien, préfère les

Ci-dessus
Ne rien achever pour laisser place au rêve.

À gauche
Les couleurs et les matières du premier salon de Bofill se nourrissent de ses voyages au sud de la Méditerranée.

Tentures de lin et fauteuils blancs dans la nouvelle salle « cubique » utilisée comme salon.

La salle à manger est en mezzanine. Ni rampes ni rambardes : Bofill aime cultiver le vertige.

ruines, les matériaux qui se délitent, les pièces rapportées qui témoignent de la connivence entre l'artiste, la matière et la mort. Enfin, et peut-être surtout, parce qu'il a toujours pris sa Fabrique comme le camp de base d'un nomade.

« Le moins de meubles possible. Ne rien accrocher aux murs. C'est l'espace vide qui définit l'architecture. »

Nomade chic, certes, mais nomade quand même. Il y ramène tout ce qui l'inspire de par le monde, toutes ses influences du moment. Sa maison est son journal de bord, et il lui faut garder de la place pour écrire son histoire.

Pas d'objets ni de meubles au demeurant. Les souvenirs et les décors sont pour lui inconciliables avec l'architecture, définie comme la jouissance pure et dépouillée de l'espace. Pas même une bibliothèque : les livres s'empilent, en vrac, dans son bureau. Mais en revanche des

interprétations par dizaines, formellement architecturales, des civilisations rencontrées sur son passage. Celles-là mêmes qui ont marqué ses périodes de travail.

On lit ainsi, au fil des pièces, sa passion des débuts pour l'architecture spontanée, vernaculaire, qu'il découvrit à Ibiza, dans le sud de l'Espagne et, au-delà, lors de nombreux voyages qu'il fit en Afrique du Nord. Apologie des formes oblongues, des couleurs de terre, des jeux d'ombre et de lumière et des cheminements secrets. Un univers élémentaire revu par Louis Kahn et Alvar Aalto. C'est l'époque du Walden 7. Un premier salon, chez lui, fut conçu dans cet esprit. Murs, sols et plafonds d'un même stuc orangé, alignement de voûtes

Les chambres des invités sont dans les silos. Décor dépouillé pour mieux exalter la circularité de l'espace.

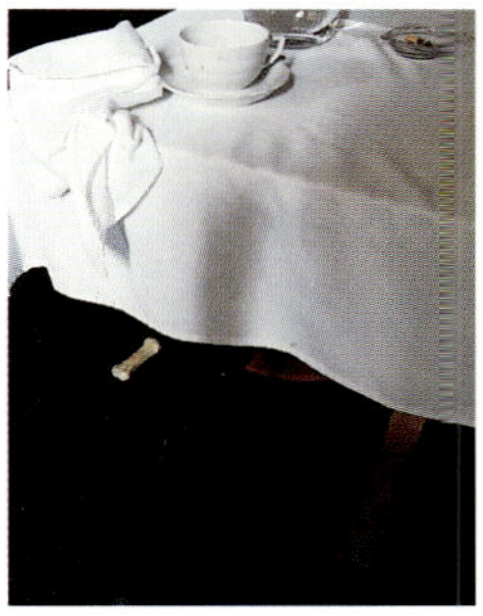

qu'irisent des tubes de néon, table de marbre rouge sans le moindre ornement. Et comme pour accueillir une improbable assemblée de moines, un alignement de fauteuils signés Gaudí, l'enfant du pays.

On trouve également, dans la Fabrique, des amorces de colonnes, des rapports de proportions, des arcatures, références plus ou moins explicites aux architectes de la Renaissance comme Brunelleschi ou aux révolutionnaires tel Claude Nicolas Ledoux. Ces détails-là datent de sa période néoclassique. Ils sont l'écho du Palacio d'Abraxas, à Marne-la-Vallée, qui marqua l'avènement de ce style, ou encore d'Antigone, le morceau de ville qu'il a mis dix ans à construire à Montpellier, en bordure du centre. Écho cependant assourdi : « Le classicisme que j'ai développé, en France, était la rencontre entre une esthétique et l'industrie. L'idée était de trouver un moyen de bâtir des fragments de ville dans une logique de production en série. Pour une maison unique, comme l'est la Fabrique, je n'avais pas à me poser ces problèmes de standardisation. »

Bofill passe ses vacances sur la Costa Brava, dans la maison qu'il a construite pour son père, au milieu des pins et des oliviers. Le paysage de cette région, l'Ampurdán, qui est un peu la Toscane de la Catalogne, occupe de plus en plus de place dans son imaginaire. Résultat : le Théâtre national de Catalogne, qu'il vient de terminer, est entouré d'une oliveraie. Dans la foulée, il en a planté une, également, devant ses propres fenêtres. Puis sont venus, dernièrement, la découverte de l'Asie et les premiers chantiers au Japon. Un bâtiment sur Omote Sando, les Champs-Élysées de Tokyo. Une commande de Shiseido... La Fabrique a, en bonne logique, pris acte de ces dernières évolutions. Sur l'une des terrasses se dresse désormais un petit pavillon aux formes claires et nettes, tout de bois, de métal rouillé et de verre. Dans ce vrai-faux pavillon de thé sont installés sauna, jacuzzi et salle de gymnastique. « Un lieu devenu très important pour moi, depuis que j'ai découvert la philosophie zen. Celui du plaisir du corps, de la sensualité, du culte de l'instant. »

Cela lui fait, au bout du compte, une raison de moins de sortir en ville. Naguère familier des nuits de Barcelone, Bofill franchit de moins en moins les frontières de son enceinte quand il n'a pas à aller voir un chantier. Au fond de lui, il n'est pas dupe. Il sait que ce microcosme est son monde, mais qu'il n'est pas « le » monde. Et peut-être même, dit-il, sera-t-il un jour « un tombeau ». ■

Bofill, un jour, s'est promis qu'il ferait toujours chaud chez lui. Même en plein hiver, comme s'il vivait sous les Tropiques.

50 50
40 40
30 30
20 20
10 10
0 0
10 10
20 20

Vue sur la rue depuis l'appartement.

Le luxe des souvenirs

Paul Chemetov

1928
Naissance à Paris.
1965
Logements HLM, Vigneux-sur-Seine.
1989
Ministère des Finances, Paris (avec Borja Huidobroro).
1985
Équipements publics et rues souterraines aux Halles, Paris.
1994
Grande galerie de l'Évolution au Muséum d'histoire naturelle, Paris (avec Borja Huidobroro).
2000
Bibliothèque de Montpellier.

Où peut bien habiter l'homme qui a barré l'entrée est de Paris d'un viaduc audacieux, avec un pied dans la Seine, destiné à accueillir le ministère des Finances ? Inventé devant l'église Saint-Eustache une architecture souterraine, claire et gothique, pour un forum des Halles nettement moins sinistre que son aîné ? Redonné vie, en découpant les espaces au scalpel, à la grande galerie de l'Évolution du Muséum d'histoire naturelle de Paris ? Bref, quel espace monumental, si possible solidement charpenté, peut-il prétendre résister à cet homme qui ne fait pas dans la dentelle ? La question, en tout cas, a du sens pour l'intéressé lui-même : « De ma maison à ma maison de travail. Premier luxe d'un architecte, travailler, vivre, dans ses murs, pas dans les habits des autres. Une seconde peau », écrit-il en effet dans *La Fabrique des villes*, l'un de ses ouvrages les plus personnels.

Il faut pourtant se souvenir qu'avant de devenir le favori des grands travaux de Mitterrand, Paul Chemetov avait longuement travaillé dans l'ombre et l'habitat sans gloire. À Vigneux-sur-Seine, à Saint-Ouen, à Vienne, en bon élève du rival de Le Corbusier, André Lurçat, il avait construit des centaines de logements sociaux. Le plus souvent appelé en banlieue, fondateur d'un Atelier d'urbanisme et d'architecture qui faisait une bonne place à la

Ci-dessus
Vu depuis la fenêtre de l'appartement, un rouleau compresseur au travail. Un symbole ? « Le problème n'est pas de détruire sans projet, mais d'établir un système urbain. » (20 000 mots pour la ville.)

Page de gauche
Une composition que n'aurait pas reniée le père de Paul Chemetov, artiste et maquettiste. Autoportrait de son père, photos de famille, objets du quotidien.

création collective, il avait aussi peiné, en toute humilité, pour réconcilier l'architecture, qui veut de l'unique, avec l'industrie, qui ne s'accommode que de répétition.

On savait également que cet architecte, qui travailla avec le Brésilien Oscar Niemeyer pour la construction du siège du parti communiste français, avait longtemps affiché des convictions plus ou moins marxistes. « Marxisme ! Ce mot valise, cette valise de mots aujourd'hui décriés méritent l'inventaire de leur contenu. Un philosophe ami, riant de mon peu d'orthodoxie, trouvait mon accord "poétique" ; il n'avait pas tort si l'on rend à cet adjectif son sens fabricateur », écrit-il. On savait enfin qu'il était l'un des théoriciens les plus séduisants, et les plus paradoxaux, de sa discipline. Au téléphone, sa voix était plutôt amusée : « Vous cherchez des intérieurs d'architecte ? Je suis architecte, j'habite dans un immeuble que j'ai construit, je travaille dans un studio que j'ai construit, et même mes vacances, je les passe

En haut
La façade de l'immeuble de Paul Chemetov : une élévation qui fait coexister un socle ancien et un placage de pierres.

en Ardèche, dans une maison que j'ai construite. Je pense pouvoir être votre homme. »

Une petite rue du Ve arrondissement de Paris, à l'angle de la rue Mouffetard. Au milieu des pavés, dans ce quartier qui joue plutôt les cartes postales rétro, son édifice se voit de loin. Six étages habillés d'un quadrillage de pierres plaquées, plutôt mal vieilli, le tout campé sans vergogne sur le socle rondouillard d'un immeuble du début du siècle dont seule la base a été conservée. Le vieux Paris à hauteur de piéton. Un morceau de banlieue, insolite, pour qui lève les yeux. Et rien qui atténue le moins du monde ce choc des époques. Aujourd'hui encore, l'architecte assume pleinement cette juxtaposition des styles. Quant à lui, il habite les deux derniers étages.

« Cela fait plus de trente ans que je suis installé ici. À l'époque, j'ai construit ce bâtiment selon des surfaces, des matériaux et des prix comparables à ceux du logement, je n'ose pas dire social, mais du moins le plus commun. 1 000 francs le mètre carré, même en 1967, ce n'était pas cher. En revanche, la distribution des pièces, qui ne concerne que moi, est un peu différente. La cuisine, par exemple, n'est pas aux normes, ni la chambre, que j'ai voulue plus grande que le salon. » L'attaque est trop brutale pour ne pas être militante. Elle l'est en effet. « Si vous construisez des boudoirs pour des cocottes du second Empire, je comprends que vous habitiez un boudoir pour cocotte second Empire. Si vous ne faites que du logement social, ce qui était mon cas à l'époque, je ne conçois pas que vous puissiez habiter un hôtel particulier. »

La position a le mérite d'être claire et rigoureuse. On objecte cependant que le quartier, lui, ne fait pas très peuple. « Je passais ici tous les matins en me rendant à mon agence. J'ai repéré cet immeuble qui pouvait être surélevé.

« Si vous construisez des boudoirs pour des cocottes du second Empire, je comprends que vous habitiez un boudoir pour cocotte second Empire. Si vous ne faites que du logement social, je ne conçois pas que vous puissiez habiter un hôtel particulier. »

C'est moi qui ai ensuite convaincu les propriétaires de vendre et apporté cette affaire toute bouclée à un promoteur. Mais ne vous y trompez pas : le quartier Mouffetard, à l'époque, n'était pas encore un musée. C'était avant la remise en ordre du quartier Italie, tout proche. Une rue encore populaire. »

N'empêche, l'homme a sa géographie personnelle et il avoue ne pas pouvoir en sortir. Il ne peut concevoir d'habiter ailleurs que rive gauche, et encore, pas au-delà de Montparnasse. Rive droite, il se cantonne entre la Seine et le Père-Lachaise. « Parce que c'est le Paris de mon histoire.

Celui qui donne à voir, à travers les strates qui le constituent, tout le passé de la ville. Les villages des origines, les abbayes, les lotissements, les percées haussmanniennes, les îlots de modernisation. Tout ce qui fait, en somme, la complexité et la beauté de l'urbain. »

Pour élire domicile, tout se passe comme si Chemetov avait fait vœu, sinon de pauvreté, du moins de rigueur. « Je déteste les maisons d'architectes qui s'écrivent entre guillemets. Construire une maison, c'est exprimer un point de vue sur soi-même. Et la difficulté, ce

Petit tableau d'un peintre japonais des années cinquante, Paul Foujino.

Ci-contre
Dans le coin repas, de nouvelles chaises ont remplacé celles utilisées par l'architecte pour un village de vacances d'Air France. Celles-ci viennent des Rempailleurs aveugles.

n'est pas de faire grand, mais juste. C'est comme en couture : le plus dur, le fin du fin, c'est la petite robe noire.

« J'ai réalisé deux maisons pour des amis. La première, je l'ai redécouverte un jour, plusieurs années après que la construction était achevée, et je me suis dit en la voyant : "Quelle belle grange !" Sur la deuxième, c'est un ami m'a fait le plus beau des compliments. Il m'a demandé, alors que les travaux étaient finis depuis longtemps, si je comptais retirer un jour les échafaudages. »

Au demeurant, pas d'angélisme. Bien sûr, il n'aime ni le design, « qui prostitue tout », ni la décoration à proprement parler. Mais il sait, en même temps, que tout est décor et que le degré zéro, en architecture comme en littérature, n'est qu'illusion. « Le travail de l'architecte, c'est précisément de décider ce qu'il va montrer et ce qu'il va cacher. Ces poutrelles métalliques, au plafond, j'aurais pu les habiller. Masquer les boulons de serrage. Si je ne l'ai pas fait, c'est à dessein. » À dessein, donc, qu'il a également laissé, au plafond, le béton brut de décoffrage, peint cependant en argent. (« On aurait dû le peindre couleur or, puisque c'est un matériau réputé pauvre... ») À dessein, encore, que les fils électriques et les interrupteurs n'ont pas été encastrés, ni même fixés, et pendent à l'entrée de chaque pièce. (« Un système italien. On n'a pas fait mieux depuis trente ans. ») À dessein, enfin, que le mur de la cuisine laisse voir des panneaux de bois sous la fenêtre (« J'ai réalisé, côté cour, là où aucune contrainte ne m'était imposée, une façade en bois et poteaux métalliques, bien avant que cela devienne à la mode. »)

Table de salon en noyer dessinée par Chemetov en 1951. Au fond, le portrait d'une aïeule de l'épouse de l'architecte.

Le modèle de cet escalier remonte au Moyen Âge.

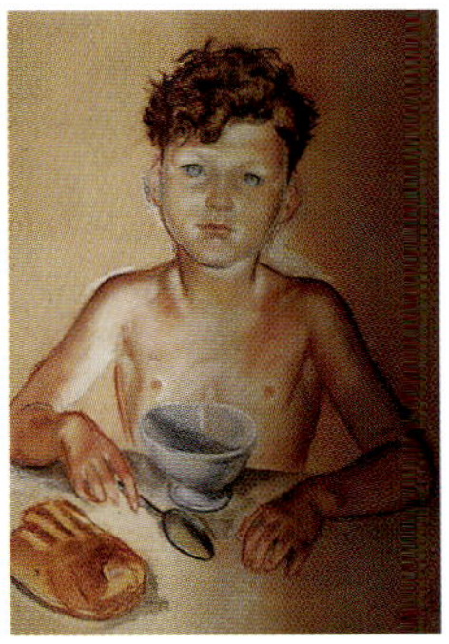

Portrait du petit Paul réalisé par H. Bensis en 1935.

Ci-contre
Une des premières perspectives dessinées par Chemetov, alors qu'il n'était encore qu'élève des Beaux-Arts.

À droite
Au-dessus des cravates, un tableau peint par l'architecte en 1944.

Pourtant, à ces quelques détails près, il n'y a, à proprement parler, rien à voir chez les Chemetov. Plutôt un art de vivre à partager, un indéniable bonheur à vivre dans un désordre nonchalant et une apparente indifférence aux choses. Ici, les meubles sortis tout simplement de chez Habitat voisinent avec un authentique coffre Renaissance. La table basse roulante, dans le salon, est en bois brut. Elle fut dessinée par Paul lui-même, mais elle ne fait pas

l'objet, pour autant, d'une vénération particulière. Sans complexes, ses enfants ont gravé, au couteau, de légers graffitis qui ne gênent personne. Dans le coin repas ont trôné longtemps des chaises en contreplaqué des années cinquante. Celles qu'il avait utilisées pour la cantine d'un village de vacances pour Air France à Grasse. Il vient de les remplacer, sans faire de manières...

Pas un objet, en réalité, qui ne raconte une histoire personnelle. S'arrête-t-on sur un tableau de couleur jaune, dans la salle de bains ? « Cette toile m'évoque le jour où je n'ai pas acheté des Tàpies soldés à 20 000 francs. J'ai acheté ce truc totalement inconnu à la place. » D'autres toiles dans le salon ? « Je les aime beaucoup, surtout quand je sais que c'est un ami japonais qui les a transportées sur le toit de sa

voiture. » Ce portrait de femme plutôt conventionnel ? Celui de la grand-mère de sa femme. L'armoire et la commode dans la chambre viennent également des aïeuls de son épouse. Il les accepte bien volontiers, avec tendresse. Lui, personnellement, il n'avait rien à ajouter, car il est fils d'immigrés. Juste quelques livres de son père, né à Rostov-sur-le-Don, qui était illustrateur et concepteur de décors. Un intellectuel de gauche qui fit une partie de la révolution russe avant de rejoindre les blancs. Un homme qui l'a beaucoup marqué.

Moulage de la main de l'architecte. « Il a d'autant plus de valeur que ma main y apparaît intacte. Depuis, j'ai eu un accident qui m'a esquinté le pouce. »

On gravit un escalier métallique en colimaçon qui débouche sur une petite terrasse. L'été, son épouse y met des plantes vertes, qu'elle range l'hiver dans une petite cabane, mi-serre, mi-chambre d'amis. Il y a une jolie fenêtre qui donne sur les toits de Paris. « J'ai pensé un temps me faire un bureau ici. J'aimais bien la vue sur la mosquée. Mais depuis qu'ils ont construit les tours du quartier Italie, derrière, j'ai renoncé. » Dehors, la vue embrasse tout Paris. Rêveur, il s'en laisse griser quelques instants, avant de pointer du doigt l'horizon. « Observez bien. Tout autour de Paris, des tours ont poussé au-dessus des toits, en bordure du périphérique. Elles forment une sorte de muraille dont la signification est évidemment sociale. On peut critiquer mon ministère des Finances, mais lui au moins, il ne dépasse pas. » ■

Page de gauche
« Cette affiche m'a amusé. Il m'a semblé y lire une part de vérité. »

Ci-contre
Le bureau de Paul Chemetov, aux murs couverts de tableaux qui sont tous des souvenirs personnels.

Manifeste sans concession

Günther **Domenig**

La maison : un chantier permanent.

1934
Naissance
à Klagenfurt.
1979
« Z » Filiale
(Caisse d'épargne),
Vienne.
1983
Naissance
de Nixnuznix,
l'oiseau fétiche.
1984
Boutique Rikki
Reiner, Klagenfurt.
1989
Concours pour
la Bibliothèque
de France, Paris.
1987
Salle de spectacle
« Fundernovum »
en Carinthie.

Lorsqu'on lui demandait combien de temps prendrait la construction de l'église de la Sagrada Familia, au début de ce siècle, à Barcelone, Antoni Gaudí répondait simplement en montrant le ciel : « Mon client n'est pas pressé. » L'architecte avait fini par s'aménager une petite chambre sur place, au pied de son éternel chantier. Günther Domenig vient lui aussi de terminer une pièce pour pouvoir dormir dans sa cathédrale personnelle toujours inachevée. Les travaux ont commencé en 1986. Les premières esquisses remontent, elles, à dix ans plus tôt.

Il lui a fallu plus de vingt ans pour réaliser sa propre maison, et encore : rien n'est fini. Les travaux dureront, il le pressent, encore trois ans, peut-être cinq, peut-être plus. Peu importe. « La forme de béton, la structure que j'ai arrêtée une fois pour toutes dans ma tête est désormais achevée. Il ne me reste qu'à insérer des cubes de verre. Autrement dit, des éléments qui n'ont ni consistance ni matérialité. De toutes manières, le chemin parcouru est en lui-même aussi important que le but à atteindre. J'essaie de faire en sorte que le moindre détail, à chaque étape de la construction, soit parfait. » La main caresse une arête de béton aiguë comme la lame d'un couteau, flatte le galbe discret d'une paroi. « Toute la difficulté est de trouver, à chaque fois, le bon artisan capable de réaliser ce que je veux. »

C'est dit : l'essentiel, pour lui, n'est pas de savoir quand et comment il habitera, un jour, dans cette maison, mais plutôt de poursuivre une démarche qui donne corps à un rêve foncièrement personnel. Günther Domenig ne s'imagine

Béton brut, explosions pétrifiées : rien ici ne ressemble à une maison traditionnelle.

pas vivre prochainement en famille dans ce qui, pour l'instant, n'est qu'une carcasse nue. « Ma femme ne s'intéresse absolument pas à l'architecture », dit-il. Et sans doute faudra-t-il une solide culture architecturale pour accepter de vivre ici, tant l'on est loin des canons esthétiques traditionnels, comme de la représentation habituelle d'un logis. L'œuvre ne peut être analysée et appréciée que comme l'aboutissement extrême de certaines recherches théoriques prises par l'architecture contemporaine, notamment par les déconstructivistes.

Son agence est à Graz, à deux heures de route, où il dispose d'un appartement dans un immeuble dont il est aussi l'auteur. Il n'envisage pas de faire un jour la navette. En revanche, il a déjà organisé ici, dans le chantier illuminé, des soirées, des expositions de peinture et des concerts de jazz progressif. Histoire de voir comment l'édifice, qui à l'origine devait accueillir en permanence une trentaine d'invités, de

Ci-dessus
Domenig aime les pans inclinés, les failles. Chaque élément de construction est décomposé, mis en évidence.

Ci-contre
Une passerelle pointée sur le lac, qui n'est cependant jamais atteint. L'homme semble aimer les gestes gratuits et pourtant, tout, ici, obéit à une logique interne.

préférence artistes, pouvait se marier à d'autres moyens d'expression.

Le véritable enjeu est donc de réaliser une grande œuvre personnelle. « J'ai cru longtemps que ce serait mon œuvre finale, tant j'y ai mis mes tripes et mes obsessions. Je me suis aperçu depuis qu'au contraire, il me suffisait de développer des concepts et des directions de travail ébauchés dans cette maison pour trouver d'autres idées et continuer à créer. Ce devait être la fin de ma carrière, c'est un nouveau début. » Cette œuvre, en tout cas, a déjà défrayé la chronique et fait son entrée, dès l'état de maquette, dans les plus grandes galeries, du musée d'Art moderne de Los Angeles au musée des Arts décoratifs de Vienne qui lui a consacré, en 1988, une exposition.

Rien ne ressemble, dans ce chaos de béton brut et d'acier rutilant, à ce qui fait les maisons ordinaires. Pas de toit, juste des pans inclinés. Pas de murs verticaux, mais plutôt des blocs en suspens. Pas de fenêtres, seulement des failles qui transpercent la matière. Pas d'entrée. Pas de couloirs. Pas de façades non plus : l'objet peut être appréhendé depuis toutes les directions cardinales, et même du dessus, par exemple d'avion. Pléthore, en revanche, d'éléments apparemment non identifiables. Trois contreforts. Des escaliers métalliques sans rampe. Une passerelle qui ne mène nulle part. Un pont qui n'enjambe rien.

Pour qui connaît l'œuvre de Domenig, ce n'est qu'une demi-surprise. Relativement sage lorsqu'il s'adosse au théâtre municipal, Jugendstil, de Klagenfurt afin de doubler le volume de l'édifice par un cube de verre transpercé lui-même d'un autre cube placé en porte-à-faux, l'architecte a dû sa célébrité à un geste insolite : la réalisation, pour une banque plutôt conventionnelle, d'un immeuble qui fit révolution à Vienne. Une façade

Sur ce squelette viendront un jour s'accrocher des panneaux de verre. Quand ? au fond, la date importe peu.

La mise en scène de l'espace se fait ici en trois dimensions. Domenig aime les à-pics et les gorges. Il cultive le vertige.

Au point le plus haut de la maison sera aménagée une terrasse qui permettra d'admirer à la fois le lac et les montagnes. Les deux éléments naturels qui structurent l'imaginaire de l'architecte.

tout en écailles d'acier, boursouflée, qui semble se liquéfier au-dessus de l'entrée principale. Une version moderne de la Pedrera, chef-d'œuvre de Gaudí qui déploie ses molles ondulations sur le passeig de Gràcia, à Barcelone.

S'il faut le rattacher à une école, il est assurément déconstructiviste : il fait délibérément exploser les espaces et les repères. Il a, par exemple, construit pour le styliste Rikki Reiner une boutique à Klagenfurt, au pied d'un vénérable palais, sur la place du Vieux-Marché. Sans complexe, il a éclaté le volume qui lui était imparti, réduisant le lieu de vente proprement dit à la portion congrue pour favoriser le parcours, ni intérieur ni vraiment extérieur, entre des blocs de vitrines taillés comme des diamants sous une sorte de porche. Avec ses escaliers qui courent partout, ses pièces dispersées, sa propre maison fonctionnera peut-être un peu de la même façon.

En réalité, le grand chambardement des formes et des fonctions sera encore plus radical, et cela s'explique. « L'architecture n'est pas un art pur. À la différence de la peinture ou de la sculpture, elle doit tenir compte d'un client, de ses désirs, de son organisation. Tel n'est pas le cas, en revanche, lorsque je construis pour moi-même. Là, je suis libre de faire ce que je veux. Je me rapproche alors de ce que j'estime être de l'art. Je prends également plus de risques. Les erreurs que je ferai, je ne pourrai pas les mettre sur le compte d'un mauvais client. »

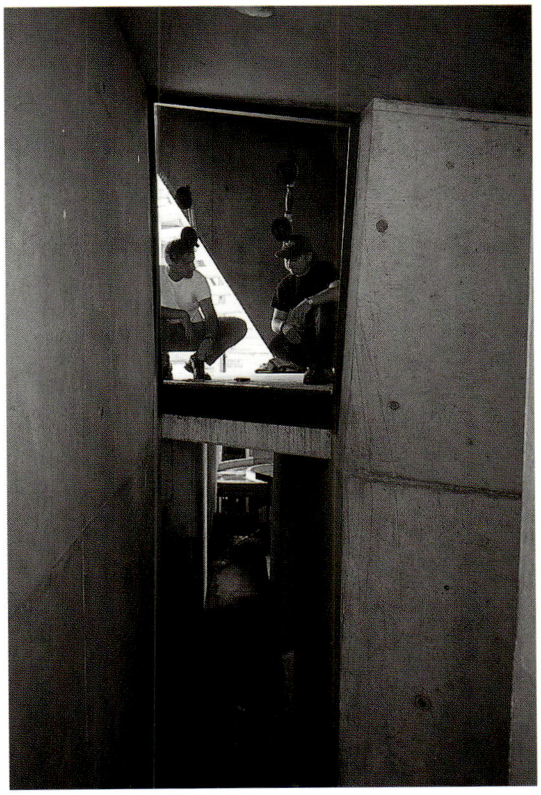

La maison est un chantier permanent. L'homme a appris à vivre avec la présence constante des ouvriers.

Il a neigé la veille, mais aujourd'hui, il fait grand bleu. On s'installe donc sous un kiosque d'acier et de verre, disposé au centre du jardin, havre de calme et d'ordre rigoureusement charpenté comme un pavillon japonais, ignorant le désordre du chantier. Au sol, gravés dans une dalle, les noms de l'auteur et de son œuvre, indissolubles : « Günther Domenig. Steinhaus » (« la maison de pierre »). « Ceux qui ne m'aiment pas disent que j'ai déjà ma tombe. » Il rit, allume une nouvelle cigarette, se tait. Regard absent, lointain.

Sur la table, il a disposé une dizaine de livres, de publications, de dessins. De quoi structurer son exposé, convaincre de l'implacable logique de ce coléoptère de béton et d'acier qui se dore au soleil de printemps. On pressent la volonté d'expliquer, de rationaliser, de récuser la folie dont le profane pourrait le soupçonner.

Les origines d'abord. Un terrain étroit qui bute, par le haut, sur une double frontière, une voie de chemin de fer et une voie rapide. En bas, le lac d'Ossiach : 11 kilomètres de long, l'autre rive, plus sauvage, presque à portée de brasse, une eau à 30 degrés l'été, et des touristes en masse aux premiers beaux jours. Rien à voir avec le chic Belle Époque du lac jumeau, plus proche de Klagenfurt, qu'est le Wörther See. Ici, ce sont soit des pavillons, soit des caravanes et des tentes plantées dans d'innombrables campings. Celui qui borde le terrain de Domenig est immense. L'architecte fait la grimace. Voilà qui ne colle

guère, en effet, avec la Ferrari rouge qui dort dans le garage, étonnante concession au conformisme grand-bourgeois. Alors, pourquoi ici ? « Parce que ce terrain appartenait à ma grand-mère, raconte-t-il. J'y ai des souvenirs de vacances, de baignades et de soleil. » Curieuse, cette soudaine intrusion du monde de l'enfance. Günther Domenig y tient. Tout part de là ; son œuvre est, à l'en croire, sinon autobiographique, du moins intimement liée à son histoire personnelle. « Enfant, raconte-t-il, j'ai vécu dans différentes régions de la Carinthie, le *Land* le plus méridional d'Autriche. Ici, c'était notre domaine d'été. Je vivais dans la lumière, les formes douces des montagnes, les arbres, les prairies et le lac. Mais j'ai aussi habité dans la vallée du Möll, qui se trouve à une heure de voiture. Là, la nature est totalement différente. C'est une vallée très encaissée, pleine de gorges et

« Chez d'autres, la spontanéité est essentielle, alors que chez moi, tout découle de la géométrie. »

Le principal n'est pas d'avancer vite, mais de soigner le moindre détail. De ses artisans, Domenig exige qu'ils donnent le meilleur d'eux-mêmes.

Tel Gaudí à la Sagrada Familia, l'architecte a fini par s'aménager une petit chambre sur le chantier, d'où il peut surveiller les travaux.

de fractures. Ce paysage tourmenté s'est également inscrit au plus profond de moi. »

Depuis, il est régulièrement retourné dans la géographie de son passé pour étudier et dessiner les formes qui l'ont tant marqué. Les rochers éclatés par le gel, la lisière des alpages, là où l'herbe laisse place à un monde minéral sculpté par l'eau, le vent et le gel. « Dans le même temps, continue-t-il, j'ai observé l'architecture des fermes traditionnelles de mon pays. » Il se lève, pointe à travers une faille de son propre édifice une paisible ferme voisine. Les toits descendent bas, un retour sur pignon semble taillé d'un coup de tronçonneuse. On admet, pourquoi pas ? une relation.

Puis débute le processus de création proprement dit. Une série de croquis, de crayonnés, où l'on voit ce catalogue de formes s'animer, se styliser, s'effriter. « Le but, explique-t-il, c'est d'arriver ainsi à l'abstraction la plus pure. » Il y parvient et se lance alors dans l'organisation des espaces. Puis dans l'étude géométrique. Sur le papier, on découvre alors une spirale dont la dernière extrémité pointe les eaux du lac. Il tient beaucoup à ce plan épuré comme un squelette, à l'accumulation de calculs qu'il révèle. Référence aux confrères Coop Himmelblau, les compatriotes de Vienne, considérés comme les plus illustres et les plus inventifs représentants du déconstructivisme. « Je ne dis pas que je suis meilleur ou moins bon que Coop Himmelblau. Je dis que chez eux, la spontanéité du trait est essentielle, alors que tout découle, pour moi, de la géométrie. »

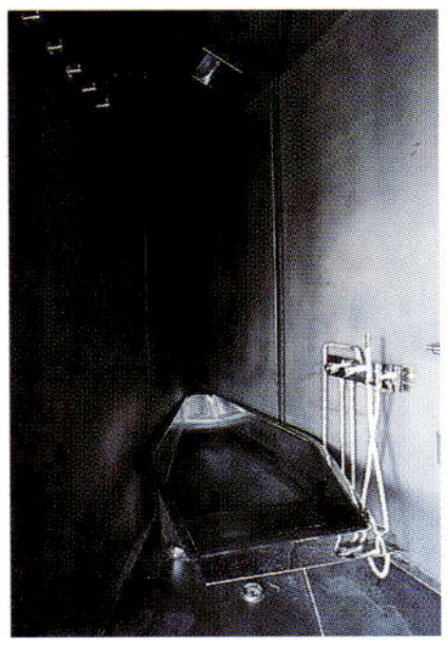

Ces derniers ont volontiers rendu hommage à l'auteur de la Steinhaus dans le catalogue de son exposition viennoise : « Il a construit, écrivent-ils, comme d'autres boxent. (...) Son adversaire

était le bâtiment. (…) Haletant, la tête enfoncée dans les problèmes, il a balancé ses crochets de béton, ses esquives d'acier (…). Ce n'était pas élégant, mais monstrueusement puissant. Et efficace. » Pourquoi pas, en effet, la métaphore du combat et de la puissance brute ?

Car, au-delà de toutes les explications données par son auteur, il y a dans cette maison une part irréductible d'irrationnel. Un expressionnisme qui enterre les concepts que l'auteur lui-même revendique si fortement. Qu'a-t-il à voir, par exemple, avec la géométrie, ce cylindre de béton placé au centre, certes, du bâtiment, mais qui perce le sol jusqu'à la nappe phréatique afin de faire remonter l'eau de la terre ? « Celle-ci, explique Domenig, se mêle ainsi à l'eau du ciel, grâce à un récupérateur de pluie, lequel est lui-même orienté vers le cimetière où repose ma grand-mère, à qui je dois tout. La boucle est bouclée. Et pourtant, a-t-il soin de préciser, je ne suis pas mystique. »

Comment justifier par une quelconque théorie Nixnuznix, le grand oiseau de métal qui prendra place, un jour, à l'intérieur du cube de verre ? Sa forme longiligne, déclinée en toutes tailles, tourne pour Domenig à l'obsession. On retrouva même le volatile, colossal, dans le projet que rendit l'architecte pour la Bibliothèque de France. Il dort actuellement dans une grande caisse blanche, mais la rampe de lancement, qui devait le projeter dans le ciel à la faveur d'une explosion, a d'ores et déjà laissé des débris, disposés devant le chantier.

Au centre exact de la maison, un puits en forme de cylindre. Il s'agit de réconcilier les eaux de la terre, du lac et du ciel. Pourtant, l'architecte affirme ne pas être mystique.

À quoi bon enfin, si tout s'explique, cette longue langue de béton suspendue qui s'avance vers le lac sans l'atteindre ? Et ce tas de cailloux noirs dans le jardin ? Et cette carapace d'acier perchée qui donne au bâtiment l'allure d'une tour de contrôle d'aéroport ? Et ces toilettes, premières pièces terminées, surmontées de telles grandioses coupoles que leur auteur les a baptisées des « *ScheißKatedrale* » (« cathédrales de merde ») ?

Au-delà de la performance technique et de la démonstration mathématique s'exprime donc un imaginaire dont il faut accepter, contre son auteur même, l'opacité. Au reste, Domenig finit par le reconnaître. « Je ne prétends pas avoir réalisé une architecture reproductible dans toute la Carinthie. C'est un essai personnel, fait pour moi-même. »

Difficile à comprendre, et dérangeant. Pourtant, Günther Domenig se sent encore blessé par les remarques hostiles des voisins et des touristes de passage. Offensé lorsque les propriétaires du camping d'à côté retouchent sur leurs prospectus la vue aérienne du site pour effacer sa maison et dessiner à la place une verte forêt. Mais résigné. Il a même renoncé, depuis peu, à se demander ce qu'il adviendra de tout cela après sa mort. « Longtemps, pourtant, j'ai voulu donner un sens à cette maison. M'assurer qu'elle me survivrait. Et puis, un soir, je suis venu tout seul sur le chantier et je suis tombé. Je suis resté une nuit entière, coincé, la tête ouverte, entre la vie et la mort. Depuis ce jour-là, la postérité ne me préoccupe plus. Si les générations à venir estiment que ce que j'ai fait a de la valeur, elles se débrouilleront pour le conserver. Sinon, elles le détruiront. Cette maison n'aura pas été inutile de toute façon, puisqu'elle m'aura donné le plaisir de créer. » ■

Ci-dessus
Les toilettes sont surmontées d'une des plus belles coupoles de la maison. À la manière d'une cathédrale.

Ci-contre
Le capteur d'eau de pluie, orienté vers la tombe de la grand-mère de Domenig.

Borsalino

L'architecture, c'est du concret.

Provisoire par nature

Massimiliano
Fuksas

1944
Naissance à Rome.
1984
Extension du cimetière d'Orvieto, Italie.
1990
Réhabilitation du couvent des Pénitents, Rouen.
1992
Îlot Candie-Saint-Bernard, Paris.
1993
Musée des Graffitis et de la Préhistoire, Niaux.
1995
Maison des arts, Bordeaux.

Massimiliano Fuksas n'aime pas le design. Il le dit et l'écrit à l'envi. Il place la barre trop haut pour se satisfaire d'un art qui aurait pour simple prétention d'embellir la vie. S'il est devenu architecte, c'est qu'il préférait essayer de la changer.

Or, Massimiliano Fuksas habite une sorte de musée du design. Il y a, dans son appartement de Rome, bien plus que le fauteuil Mies van der Rohe ou le canapé Le Corbusier qui sont d'usage dans les intérieurs d'architectes. À vrai dire, joyeux et coloré, c'est tout le bazar du siècle, avec une attention particulière pour les années cinquante, qui fourmille. Depuis le fauteuil « œuf » d'Arne Jacobsen jusqu'aux vases d'Alvar Aalto en passant par la chaise Royalton de Stark ou la bibliothèque Charlotte Perriand. Tous les classiques donc, mais en revanche rien de lui, bien qu'il lui soit arrivé, quoi qu'il en dise, de dessiner des meubles. « Mais c'était en passant, parce qu'on me l'avait demandé… »

Il n'en démord pas. Si beaux soient-ils, les objets ne l'intéressent pas. C'est l'affaire de sa femme, Doriana, qui, elle, en raffole. Il ne voit aucune raison de la contrarier, d'autant qu'elle a, il en convient, beaucoup plus de goût que lui. C'est dit sans ironie, à cette nuance près que l'architecte ne prise guère, non plus, le « goût ». Il est vrai que cette notion-là se porte mal chez un ancien dadaïste qui a toujours tiré à boulets

Également peintre, l'architecte est un amoureux de la matière. Il examine ici une plaque de verre qui pourrait constituer la façade d'un de ses prochains bâtiments.

Page de gauche
Mai 68 : Massimiliano y était, comme en témoigne cette photo exposée dans son bureau.

Ménager des échappées imaginaires.

Ci-dessus
Ici, même les nourritures quotidiennes ont un air design.

Page de droite, en bas
La lourde porte en métal percé donne accès à la cuisine.

rouges sur le conformisme évidemment petit-bourgeois. « Je suis, dit-il encore, beaucoup plus spontané. Plus sanguin. Je suis de ceux qui considèrent que le détail est un crime en architecture. » Comme il est peintre autant que bâtisseur, il se verrait bien en revanche barbouiller son intérieur de furieux coups de pinceaux, un soir de grande jubilation. En rouge de préférence. Mais il se retient, car il est bon époux.

Évidemment, il ne lui échappe pas que le fauteuil orange, dans le vestibule, est parfait pour contempler le dôme du Vatican, qui se donne à voir dès l'entrée. Que des fleurs asiatiques, dans les vases du salon, ont remplacé dernièrement d'autres moins exotiques. Que tous ces raffinements, mis bout à bout, déterminent un art de vivre qui est, peu ou prou, le sien. Mais il n'a rien négocié. Les choses vont ainsi, et c'est un moment de sa vie. Tout juste s'il a insisté auprès de son épouse pour que l'on force un peu sur le mobilier Prouvé. À cause de la simplicité des formes, de l'esthétique industrielle, de la brutalité des matériaux employés. « Mais la réalité, c'est que je m'en fous. »

Qu'on ne s'y trompe pas, cependant. Ce n'est pas du renoncement, mais du militantisme. Car « un architecte ne devrait jamais construire sa propre maison. Il est comme un mercenaire. Il part combattre pour les autres, mais pas au sein de sa propre famille ». Le principe vaut, au demeurant, pour tous les artistes. L'anecdote favorite de Massimiliano est celle d'Axel Mund et Malaparte qui rêvaient d'avoir chacun une maison à Capri. Ils pensaient trouver là le cadre parfait où ils écriraient leur chef-d'œuvre. « Quand ils l'ont eue, ils n'ont plus rien écrit. Ils s'en sont servis pour épater leurs conquêtes, c'est tout. Il faut savoir rester errant. » Donc, il n'a pas construit. Il s'est contenté de planter sa tente dans un hôtel particulier réalisé dans les années quarante par l'architecte préféré de Mussolini, Marcello Piacentini. Le plan, qui décrit une spirale autour d'un patio central, était parfait. Il n'a quasiment pas eu à intervenir. « De toutes façons, il ne faut pas trop toucher aux vieilles demeures, sinon elles perdent leur âme. Rien de pire que cette mode française qui consiste à rénover des bâtiments historiques en ne gardant que les façades, comme une coquille vide. Dieu nous protège d'une telle barbarie ! »

N'empêche : 400 mètres carrés, ce n'est tout de même pas rien pour un nomade. Surtout quand on ajoute, aux trois sommets du triangle que forme la base de l'immeuble, trois terrasses de plain-pied, plus une, au-dessus, qui couvre

La bibliothèque est l'une des pièces préférées de l'architecte. Ni pour les éléments modulables signés Pietro Perdone, ni pour la chaise longue et les fauteuils LC7 de Le Corbusier, mais en raison des livres, qui composent un paysage imaginaire et immatériel.

« Un architecte est tel un mercenaire. Sa vocation est de combattre pour les autres. Il ne devrait jamais construire sa propre maison. »

toute la surface. « Un porte-avions », dit-il. Plus la vue sur les toits de Rome. Plus les eaux vertes du Tibre, sous les fenêtres. Et la via Giulia, voie mythique qui marqua le début de la Renaissance à Rome. Et le Campo dei Fiori à cinq minutes à pied. Et la piazza Navona à dix. Un homme qui fait profession de n'être que de passage se contenterait assurément de moins. Mais cette simple constatation ne le démonte pas. L'un des multiples talents de Massimiliano Fuksas est de traduire ses contradictions en paradoxes séduisants. Il dit par exemple que les

pièces qu'il préfère, chez lui, sont la bibliothèque et la terrasse. Non qu'il apprécie particulièrement, dans la première, les rayonnages métalliques qui font pourtant les délices des magazines de décoration, mais les livres qu'ils contiennent tracent un imaginaire et l'imaginaire, pour lui, prime l'architecture.

« L'architecture, écrit-il dans *One Zero Architecture*, l'un de ses derniers livres, ne peut que découper le ciel dans les villes pendant que nous marchons les yeux tournés vers le ciel. Les édifices sont peu intéressants. Ils ne servent qu'à dessiner la terre et le ciel. » Et de se lancer, sans transition, dans une tirade dont le lyrisme nostalgique surprend, chez quelqu'un qui se veut absolument moderne. Mais il est aussi poète et homme de théâtre. « Pourquoi j'aime Rome aujourd'hui ? À cause de l'odeur de rose qui embaumait partout, quand j'étais enfant. Le ciel bleu dur et ce parfum disparu

D'une terrasse à l'autre, le salon. Le mur de la façade, légèrement courbe, renforce la monumentalité de l'espace.

dans les rues. Puis, plus tard, adolescent, ces moments de grâce quand je rentrais au petit matin, après avoir fait la fête, la chemise ouverte un peu plus que d'habitude. L'eau était tellement claire, dans les fontaines de Rome, quand je me penchais pour m'asperger le visage. C'est tout cela qui fait une ville. Pas les bâtiments. » De ce point de vue, on comprend effectivement que les livres puissent faire une bibliothèque.

Pour la terrasse, c'est plus compliqué. Le lieu en lui-même est ambigu. Des stores, des bâches qui claquent au vent, des palmiers nains, des

aloès et de la verdure partout. Pourtant, on est en ville, incontestablement en ville, puisqu'il y a tout Rome en contrebas, comme en maquette. Et la rumeur montant du flot des voitures qui démarrent au feu rouge, sur les quais. « J'aime cette impression d'être dans un lieu impossible, qui n'existe pas. Et puis cette réalité qui refait surface, à mesure que l'œil s'habitue. Saint-Pierre, puis le Janicule, puis le château S. Angelo, puis les dômes des églises… »

Massimiliano Fuksas est résolument un amoureux de la ville. D'abord parce qu'il aime y vivre. « Ce n'est pas très original. Cela fait des siècles que les hommes quittent de plus en plus nombreux la campagne pour s'installer dans ces

Ci-contre et ci-dessus
Dans l'intérieur-musée qu'a souhaité Doriana, le fauteuil « œuf » d'Arne Jacobsen, une toile de Matta, une table de Jean Prouvé. Fuksas : « Je n'aime pas le design… »

Double page suivante
La table et les chaises sont de Jean Prouvé, le seul mobilier qui trouve grâce aux yeux de Massimiliano Fuksas. À cause des lignes brutes, simples, industrielles.

La chambre à coucher. Les parquets cirés sont d'origine, dans ce palais construit par l'architecte préféré de Mussolini, où la comtesse Vaselli reçut pendant les années grises.

lieux qui sont des lieux de tension, de contradiction, mais aussi de fascination. » Mais quand même : son plaisir à lui est là. Prendre son premier *capuccino* à l'ombre d'une place. Aller à pied à l'agence, qui est à cinq minutes, de l'autre côté du Campo dei Fiori, dans un autre palais patiné par l'histoire. Bavarder une heure avec un copain, à l'improviste, en feignant de ne pas être pressé. Sortir dîner le soir avec des amis et rentrer tard, sans jamais utiliser la voiture…

Mais la ville lui est indispensable, aussi, parce qu'elle est la référence ultime de son architecture. C'est clair lorsqu'il réfléchit, pinceaux et maquettes à l'appui, à ces fragments entiers de cités à créer de toutes pièces ou simplement à soigner. Un bout de Shanghai, de Limoges, d'Amiens, de Clichy-la Garenne ou de Berlin. Mais c'est vrai aussi quand sa mission semble se limiter à la réalisation d'un bâtiment isolé. Ce qui l'intéresse, c'est alors

Des lampes appliques de Serge Mouille (1950), un cheval magique du Timor, un tableau-texte de Joseph Kossuth, et, au-delà, ce que l'artiste préfère : la vue sur l'une des terrasses.

l'espace en creux que ce bâtiment va tracer dans la ville. L'îlot Candie-Saint-Bernard, à deux pas de la place de la Bastille à Paris, ne livre sa complexité qu'au terme d'une promenade. La Maison des arts de Bordeaux se lit comme un travelling de cinéma. Tous ses bâtiments cultivent la diversité, la surprise. Ils exigent une approche dynamique.

Donc la terrasse, avec tous les parcours visuels qu'elle propose, comme architecture à part entière. Éphémère, forcément, puisque tel est le destin de toute architecture. « Il faut cesser de se donner l'illusion qu'on construit pour l'éternité. Pendant la dernière guerre mondiale, on a perdu un pays entier, l'Allemagne. Ça continue : hier encore, j'ai appris qu'à Rome, on allait détruire un fragment de muraille pour faire un parking. Il faut avoir conscience de cela pour fixer une durée à tout ce que l'on fait. »

Le mot d'ordre vaut aussi pour sa propre maison. Dans un coin du balcon, ce jour-là, des ouvriers s'affairent à modifier une rambarde. On apprend que c'est toujours ainsi depuis cinq ans que le couple s'est installé ici. « Quand tous les travaux seront terminés, il sera temps de partir. »

Massimiliano Fuksas a l'habitude. Il a toujours changé de ville, tantôt en France, tantôt en Autriche, tantôt en Italie. À Rome, il ne se souvient pas combien d'appartements il a occupés. À Paris, au moins quatre. Le dernier, celui de la place des Vosges, il l'a revendu tout meublé, histoire de ne rien emporter, d'avoir tout à recommencer. « Au bout de quatre ou cinq ans, les couleurs ternissent, la poussière s'installe dans les coins, les revues jaunissent. La seule solution, à ce moment-là, c'est de s'en aller. »

Pour tout réinventer de rien ? Assurément non. Car si l'esprit va de l'avant, toujours à la recherche de projets différents, le cœur, lui, a sa mémoire. Finalement, on comprend pourquoi Fuksas se sent si bien dans cet intérieur qui ne lui ressemble pas. C'est qu'il lui donne l'illusion de n'être pas chez lui, déjà ailleurs. ■

Néo-Renaissance ou néobaroque ?

Maison de maître

Vittorio **Gregotti**

1927
Naissance à Novare.
1973
Université de Cosenza, Italie.
1988
Stade Olympique de Barcelone.
1993
Centre culturel de Belém, Lisbonne.
2000
Reconversion des anciennes usines Pirelli, Milan.

La cathédrale est à portée de promenade, la basilique de S. Ambrogio juste derrière, mais Milan la riche, déjà, s'effrite. Une prison avec ses miradors, des rails de tramway qui filent on ne sait où, quelques immeubles cossus très « MittelEuropa », un garage et cette espèce de palais marqué par le temps, avec sa débauche de frises, de pilastres et de fenêtres à doubles arcatures. Néo-Renaissance, néobaroque, néo-tout. Œuvre, en fait, d'un obscur architecte italien qui, dans le dernier tiers du XIXe siècle, rêvait d'être Bramante.

Vittorio Gregotti travaille ici depuis vingt ans. Son agence, qui emploie en ce moment plus de soixante-dix personnes, a pris ses aises jusque dans d'étonnantes caves voûtées. C'est là tout ce qui reste d'une ancienne briqueterie dont les promoteurs du faux Bramante firent table rase. « J'ai fini par trouver que cette architecture surchargée, maniériste, n'est pas si désagréable », confie le maître des lieux. Du coup, lorsque l'appartement du dessus s'est libéré, il y a trois ans, il a sauté sur l'occasion. Il s'est installé là à plein temps.

Ainsi, il a tout sur place. Il se lève tôt pour écrire ou rêver, descend ensuite au bureau et déjeune dehors, s'il fait beau, puisqu'il a, devant ses fenêtres, une terrasse qui, vu sa superficie, ses haies et ses treilles, tient davantage du jardin. Fatalement, on le croise moins, depuis, dans Milan, mais il ne s'en plaint pas. Originaire d'une ville voisine, Novare, où ses parents étaient d'importants industriels du textile, Gregotti dit avoir toujours vécu par pragmatisme dans la capitale lombarde. « C'est pratique, c'est international, de là on peut aller partout dans le monde, mais il faut reconnaître que ce n'est pas très beau. » À 70 ans, il s'offre donc le

Page de gauche
L'agence est installée sous l'appartement personnel de l'architecte, dans un ancien palais. Ce palais avait pris la place d'une briqueterie. Seules les caves de l'usine ont survécu à la reconversion.

luxe de moins sortir. On vient plutôt le voir en son domaine. Pour le reste, pour satisfaire son amour toujours intact de la ville, il a ses week-ends à Venise, d'où sa femme est originaire. Là-bas, c'est encore mieux : il occupe en toute simplicité l'appartement où vécut lord Byron.

Veste blanche, pantalon gris clair, barbe légère parfaitement taillée : l'homme possède l'élégance sobre d'un maître. Il l'est. Par l'accumulation et la taille de ses projets, bien sûr. Une université à Palerme, le stade Olympique de Barcelone, mais aussi celui de Nîmes et de Gênes, un morceau de ville dont la construction durera plus de dix ans, sur les terrains libérés, près de Milan, par Pirelli... Mais au-delà de ces œuvres, Gregotti est devenu aussi l'une des figures majeures de l'architecture contemporaine par ses écrits et sa pensée. Ancien directeur de la triennale de Milan et de la biennale de Venise, il a travaillé avec Ernest Nathan Rogers, le fondateur de la revue *Domus* (et oncle de Richard Rogers), et dirigé lui-même *Casabella*, une autre revue non moins prestigieuse, qui fait la pluie et le beau temps sur l'architecture italienne, voire internationale.

Souriant, affable, l'homme descend lui-même accueillir ses visiteurs jusqu'à la lourde porte cochère qui ferme son palais. Sur le palier, on longe une grille qui donne sur un jardin et l'on gravit un grand escalier monumental, surchargé de stucs, qui n'a pas dû changer depuis un siècle. Chez lui, en revanche, il a tout refait. Sans vergogne, mais sans ostentation.

Ci-dessus
L'architecte a revu à sa manière l'ancien palais. Il a sculpté la matière et peint en blanc la cheminée, réduite à un élément de décor baroque.

Ci-dessus
Au milieu du salon, un tableau du XIXe siècle représente le musée idéal de Canova. Et au-dessus, bien sûr, un buste de Napoléon, par Canova, contemple l'œuvre.

Page de droite
La bibliothèque est dans le couloir. Prendre un livre en passant, et oublier les autres...

« L'idéal, c'est de donner l'impression que tout est à sa place. Que je vis dans un intérieur contemporain et que, cependant, rien n'a été touché. Il faut respecter la logique de chaque édifice. Le traiter comme un organisme vivant. »

La discrétion, en ce domaine, passe selon lui par le dialogue approfondi avec ce qu'il est convenu d'appeler le site. C'est même parce qu'il y avait cette possibilité de dialogue qu'il a choisi une maison déjà chargée d'histoire, plutôt que de construire lui-même quelque chose de toutes pièces. « Ce serait trop difficile, trop cruel pour moi. J'aurais l'impression d'avoir sans cesse mes propres erreurs sous les yeux. » Il est sans doute plus sage, en effet, de s'employer à corriger celles des autres. Ou d'en reconnaître humblement les mérites.

Prairie School
Frank Lloyd Wright's Larkin Building
The Writings of Robert Smithson
Carlo Scarpa

Dans la chambre, une série de portraits de Marcel Duchamp par Hugo Mulas. Vittorio Gregotti a vécu dans la fréquentation des grands artistes du siècle.

Cette philosophie-là sous-tend toute son œuvre. À l'exception du stade de Barcelone, dont il a conservé la structure moderniste bâtie par Domènech i Muntaner et creusé l'intérieur afin d'y loger de nouvelles tribunes, Vittorio Gregotti n'est pourtant pas souvent intervenu sur des bâtiments anciens. Mais nombre de ses bâtiments, en revanche, ont dû prendre en compte la proximité d'aînés prestigieux. Un hôtel à Vicence, près d'une maison de Palladio ; un embarcadère pour les ferries, à Istanbul, à côté de la mosquée Yeni Valide, joyau du XIIIe siècle ; et bien sûr son projet le plus important de ces dernières

Au-dessus du lit, des dessins de Matisse, Le Corbusier, Tinguely. Sur la commode, deux lampes en verre de Murano données par un architecte compatriote, Carlo Scarpa.

« L'idéal, c'est de donner l'impression que tout est à sa place. »

années, le Centre culturel de Belém à Lisbonne, tout en pierre de taille, qui dut s'articuler entre les rives du Tage et le couvent de Los Jeronimós.

« Mais même s'il n'y a rien de tout cela, même s'il n'y a pas la marque de la grande histoire, l'architecture passe quand même par l'analyse approfondie de ce qui existe. C'est ce qui manque trop souvent dans les créations contemporaines. » Étudier, donc, la géographie, les habitudes des hommes, la sociologie. Décomposer pour mieux recomposer. Car il ne s'agit pas de s'assimiler ni de viser le compromis, mais de connaître parfaitement le terrain sur lequel on va pouvoir évoluer, et au bout du compte s'affirmer.

Chez lui donc, Vittorio Gregotti est parti d'une situation donnée pour dire haut et fort ce qu'il avait à dire. « Peut-être un peu moins fort et moins radicalement qu'ailleurs, corrige-t-il en souriant, puisque nous sommes deux à vivre ici et que ma femme entendait bien imposer aussi sa griffe. » N'empêche. Disparus, moulures et méandres de l'appartement d'origine. Seule la cheminée, grande pièce montée d'angelots joufflus, a survécu, mais elle a été peinte en blanc, comme le reste.

On entre par un couloir droit comme un I, plutôt sombre puisque les murs sont, de part et d'autre, habillés d'étagères de bois rouge et de livres. Un lieu de passage traité en bibliothèque : faut-il voir là une utilisation aussi pragmatique que possible de l'espace ? Non, plutôt un symbole. « Les livres, il faut les regarder, en choisir éventuellement un, puis les oublier pour se libérer l'esprit. »

Au bout, le salon. Une grande voûte blanche, à trois hauteurs d'altitude, croise perpendiculairement l'axe du couloir. Celui-ci se poursuit par une baie vitrée et, au-delà, par un pavillon octogonal, planté au milieu du jardin, traité comme une pièce de la maison. À droite de l'entrée, de nouveau un couloir qui finit sur un palier en triangle. « Je travaille toujours avec une attention particulière les rotules qui articulent les espaces », commente l'architecte. C'est en effet par là que l'on accède à la fois à la chambre et à un petit escalier en colimaçon qui monte à l'étage au-dessus, où se trouve le bureau de sa femme.

L'architecte a commencé une collection de maquettes anciennes. Il les mêle aux siennes. Se souvenir, toujours, que nous ne sommes que de passage. Des moments de l'histoire.

L'ensemble est clair et net. D'une rigueur sans appel. On pense aux mots d'ordre que l'architecte n'a cessé d'assener. Simplicité, précision, unité. « L'ordre est la structure même des choses, même si chaque structure particulière est le résultat de plusieurs ordres qui se surimposent. Sans ordre, les formes n'existent pas. Ce ne sont que des conglomérats. Ou plutôt, comme l'a dit Louis Kahn : l'ordre, c'est la forme. » Dans son univers personnel où chaque objet, chaque meuble est visiblement à sa place, on retrouve aisément l'application concrète de cette théorie. « Et encore, ironise Gregotti, il y a deux bustes, dans l'entrée, qui m'ont été offerts par un copain artiste. Lorsqu'il vient ici, il ne manque pas de les déplacer de quelques degrés. Parce qu'il n'y a qu'une seule position où leurs regards se croisent exactement comme il l'entend. »

C'est un peu comme si tout, chez Gregotti, était digne d'architecture. Au reste, il refuse la distinction souvent de mise aujourd'hui entre architecture et architecture d'intérieur, urbanisme et design. Son travail va du plan de ville (les Russes lui ont un jour demandé de réfléchir à une cité idéale où pourraient être relogés les habitants de... Tchernobyl) à la recherche de logos en passant par des études plus ou moins utopiques, comme cette plate-forme fantôme, au large de la Méditerranée, qui aurait servi à produire, loin des côtes, l'énergie du pays. Il lui est même arrivé de construire de grands bateaux de croisière. Avec toujours le même sens de l'économie des moyens et des espaces qui caractérise son travail.

Pour autant, cette recherche du plus simple ne va pas, chez lui, sans une fantaisie finalement très italienne. Dans le bureau de son épouse, par exemple, il y a une fenêtre, de laquelle on se penche comme d'un balcon, et qui donne sur le salon en contrebas. On découvre alors que la voûte si parfaite est traversée par une faille. « Il faut édicter des règles, mais c'est pour mieux s'en libérer aussitôt », dit-il dans un grand éclat de rire. De même, de retour dans le couloir, on admire la profondeur de cet axe central qui finit, par un jeu complexe de transparences, dans le jardin. « Est-ce l'intérieur ou l'extérieur que l'on a en point de mire depuis la porte d'entrée ? On ne sait pas. Et j'aime beaucoup cette incertitude. Car pour moi, l'architecture se définit d'abord par la limite, c'est-à-dire par le mur. Mais là encore, une fois que le mur est tracé, toutes les ambiguïtés sont possibles. »

Enfin, et surtout, il y a la vie qui vient détruire, par les scories qu'elle laisse, l'ordonnancement rigoureux du projet initial. Car Gregotti, qui cultive le minimalisme, ne s'en défend pas : il aime les objets. Pas pour eux-mêmes, mais pour ce qu'ils racontent. Sa maison, c'est son musée imaginaire. Et son imaginaire est forcément riche, depuis cinquante ans qu'il voyage et fréquente des artistes.

Autoportrait d'un peintre inconnu du XVIIIe siècle.

Aux objets de famille – une affiche du Congo, par exemple, qu'il conserve jalousement en souvenir de son grand-père explorateur – s'ajoutent les trouvailles de son épouse, qui affectionne particulièrement le néoclassicisme. Des peintures de colonnades début

De la façade du palais, côté jardin, Gregotti n'a pratiquement rien touché. Le kiosque, en revanche, est de sa pure invention.

XIXe siècle, un buste colossal de Napoléon par Canova. Il n'a jamais mis, quant à lui, le moindre fronton dans son architecture, mais il sait que l'architecture, fût-elle moderne, ne peut se passer de faire référence à l'Antiquité. Donc il accepte.

Tout le reste raconte sa vie. Dans le pavillon de jardin, au-dessus de fauteuils blancs qu'il a dessinés lui-même il y a vingt ans, une miniature de temple asiatique : souvenir d'un premier voyage au Japon. Sur la table, un vase blanc : « C'est Alvar Aalto qui me l'a donné. J'y tiens beaucoup. » Puis un dessin de Le Corbusier. « Je l'ai très bien connu. Il me l'a offert un jour dans un dîner auquel assistait également Gropius. J'étais totalement fasciné par son charisme. » Ailleurs, un tableau de Léger. « Je l'avais rencontré à Marseille, avec Picasso. Je me faisais tout petit pour écouter ce qu'ils disaient. Mais en fait ils ne parlaient pas d'art, juste de magasins de peinture, du prix des pinceaux. Jamais rien sur le métier lui-même. »

Un peu partout, l'architecte a disposé des maquettes, qu'il collectionne depuis vingt ans. Fragments de colonnes, ébauches de temples laissés par des maîtres des siècles passés. Au milieu, ici et là, tout en plâtre et aisément reconnaissable à sa sobriété, une de ses œuvres. Le contraste est fort entre les volumes nets et blancs et les miniatures baroques qu'il a rassemblées. Mais justement. « C'est ce mélange qui est important. Ce télescopage des époques et des styles qui nous rappelle, sans cesse, que nous sommes de passage et n'incarnons qu'un moment. » ■

À droite
Dans le jardin, deux philosophes en terre cuite.

Champs, jardins et forêts à une heure de Tokyo

Technologique et bouddhiste

Hiroshi **Hara**

1936
Naissance à Kawasaki.
1983
Musée d'art de Karuiza, Nagano, Japon.
1985
Immeubles de bureaux pour Yamato International.
1993
Umeda Sky, gratte-ciel interconnectés, Osaka.
1999
Gare et ensemble d'affaires, Kyoto.
2000
Projet de stade pour la Coupe du monde de football, près de Sapporo.

CE MATIN-LÀ, IL FAIT UN PEU GRIS et le printemps de Tokyo est bien avancé. Air moite, du vert partout au bout des gares de banlieue, dès que le béton cède un peu la place. Aujourd'hui, la maison de Hiroshi Hara a disparu. C'est à peine si l'on aperçoit, en reculant de l'autre côté de la route, quelques fragments de bois sombre entre les feuilles. Rectiligne, une traînée de Plexiglas, en forme de voûte, court sur le toit. Elle a la couleur terne du ciel. Seul émerge, à côté, un cube de verre, temple de la transparence et du vide, aux reflets incertains, dont on ne jurerait pas, à vrai dire, de la matérialité. L'architecte est plutôt content de son effet : « En hiver, c'est différent. On est à découvert quand les arbres perdent leurs feuilles. Ou bien quand il y a du soleil. Ou bien la nuit. Mon architecture n'existe pas en tant que telle. Elle est liée aux modalités de la perception. » L'homme a lu Merleau-Ponty, cite Heidegger. Il se réclame de la phénoménologie.

Une soixantaine d'années, une agence sur les hauteurs de la ville, trente ans d'enseignement à Berkeley et à l'Université de Tokyo : cet architecte continue d'incarner une forme d'avant-garde expérimentale. Il a construit, à Osaka, les premiers gratte-ciel interconnectés (un jardin suspendu relie les colosses de béton) ; planté au cœur de Kyoto, la ville impériale, une gare en forme de muraille, longue de 500 mètres ; dessiné même des implantations humaines sur la Lune. Il prépare, actuellement, le stade de la future Coupe du monde de football, à Sapporo, dont la pelouse pourra être manœuvrée afin que l'on puisse y jouer, au choix, en plein air ou sous abri. Or, ce futuriste convaincu est bouddhiste, sinon en religion, du moins en philosophie.

Page de gauche
Le béton lisse est laissé brut. Les empreintes des coffrages en témoignent.

Tunique et pantalon noir flottant, gestes précis et épurés, silhouette gracile. Mais aussi deux paquets de cigarettes par jour, et une fascination pour l'électronique, l'informatique et tout ce qui ressemble à un bolide technologique. Contradiction ? « La base du bouddhisme, dit-il, est d'accepter la contradiction. » Sur une feuille de papier calque, il trace quelques lignes d'un schéma mystérieux, puis il écrit les phrases qu'il martèle. « La lumière, c'est aussi l'obscurité. » « L'existence, c'est aussi le néant. » Son évanescente maison est l'illustration vivante de ces principes.

Elle remonte à vingt-cinq ans en arrière. En 1973, il a peu construit, mais alors qu'il entreprend de réaliser son propre logement, le destin lui fait un signe. Il va devoir affronter, dans le même temps, le décès de son père et la naissance de son premier enfant. Ce sera une maison placée sous le signe de la vie et de la mort.

Le terrain qu'il trouve, à une heure des néons de Tokyo, dans le quartier de Machida, est alors situé en pleine forêt. Il ne faudra que dix ans à la ville tentaculaire pour grignoter la nature et venir mourir à sa porte, mais à ce moment-là du moins, il n'a pas un seul voisin. De plus, le mètre carré n'est pas cher, ce qui est une aubaine à Tokyo. Pour le commun des mortels en effet, le site présente un inconvénient majeur : tout est en pente, sans aucun lieu où poser, *a priori*, une maison.

Pour Hara, au contraire, c'est une chance. D'abord parce qu'il a passé son enfance dans les montagnes au cœur du Japon et qu'il n'envisage pas de vivre sur du plat, à l'horizontale. Ensuite parce qu'il a étudié l'architecture traditionnelle de l'île. Les plus beaux temples sont ceux qui s'adossent à la pente et savent lui faire écho. Enfin, parce que ses plans vont escalader aisément le flanc de ce ravin. Il ne s'agira pas de gommer la topographie, mais au contraire de l'exalter. Sa maison sera comme une coulée au cœur de la forêt, épousant au plus près ce relief ingrat. Il parle de « clairière », de « vallée ». Il joue volontairement sur les mots.

Aujourd'hui, on ne sait où s'arrête son domaine, et c'est bien ainsi. Dans la grande tradition de l'architecture japonaise, Hiroshi Hara n'a pas marqué de limites. Son propre jardin est, sans solution de continuité, le miroir de la forêt qui s'étend de part et d'autre. Il n'aura été que le paysagiste d'un point de vue. Il y a désormais ici, dans cette forêt toujours aussi dense,

Ci-contre
À l'extérieur, du bois sombre pour une façade opaque, percée de quelques fenêtres qui encadrent les portions les plus intéressantes du paysage.

Page de droite
L'axe central de la maison. Une rue, qui épouse la pente du terrain, avec ses places et ses carrefours.

deux maisons qui se côtoient. L'une horizontale, primitive. L'autre verticale, cube de verre technologique construit il y a à peine un an. Malgré la différence, voire l'affrontement des styles, l'une fait écho à l'autre. On sent l'évolution de

Séance de méditation pour la fille de Hiroshi Hara. Tableaux, chaîne stéréo, téléviseur : tous les moyens de communication au service d'un art de vivre zen.

l'architecte, mais aussi toute la cohérence de sa démarche : aller toujours à l'essentiel, au minimum. Inventer un « air » nouveau (il refuse le terme d'« atmosphère ») qui rende dérisoires nos distinctions occidentales entre nature et culture, écologie et technologie.

La première maison est simple. Banale, même. Les planches de bois qui habillent les façades ont été peintes en sombre pour paraître encore plus discrètes. Le volume du parallélépipède est évident. Quelques rares fenêtres, ici et là, qui doivent encadrer de magnifiques portions de paysages. Après avoir laissé ses chaussures à l'entrée, on passe le seuil et soudain, c'est le choc. Impression de lumière. De sous-marin gris métal. De géométrie tracée au cordeau. Hara, ou l'impossible rencontre entre un moine bouddhiste et George Orwell. On se souvient des principes liminaires : « L'obscurité, c'est la lumière. », « Accepter la contradiction. »...

L'entrée est tout en haut, et donne d'emblée toute la portée de la perspective. Un couloir sert en effet d'axe central et rebondit, dans le sens de la fameuse pente, d'escaliers en escaliers jusqu'à une ultime pièce carrée ouverte, elle, sur un mur de vitres. C'est le salon. Au-delà, il y a encore une terrasse faite de planches clouées dans le vide. C'est l'unique conquête à l'horizontale. Hara, lui, ne parle pas de couloir ni de salon, mais de « rue intérieure » et de « place publique ». Il choisit bien sûr de tels mots à dessein. « Chacune de

L'artiste, au moment où il a construit sa première maison, était obsédé par une recherche personnelle sur la symétrie.

mes architectures tente d'être, aussi, une mise en abîme de l'architecture. Un peu comme les poupées russes, elle enveloppe de multiples aspects de la discipline. À l'intérieur de cette maison, par exemple, j'ai reconstitué la structure urbaine, avec ses axes de circulation et ses carrefours. Dans la gare de Kyoto, sous le grand toit central qui enveloppe l'ensemble de l'édifice, il y a également toute une ville, les rails, les quais, mais aussi des hôtels, un théâtre, des bureaux, et au centre comme une faille. C'est la métaphore de la vallée entre les montagnes. L'entreprise était encore plus ambitieuse puisqu'il s'agissait d'intégrer aussi une partie de la nature. Entre les deux projets, il s'est passé vingt-cinq ans. La direction de ma recherche, elle, n'a pas changé. »

De part et d'autre de l'axe central de la maison sont disposées les pièces à vivre – de bas en haut toujours : la cuisine, et en regard, la salle de bains. Puis un bureau, face à la salle au tatami, indispensable, au Japon, pour recevoir ou se prélasser dignement. Deux chambres enfin, toujours en miroir. Chacun de ces espaces est à la fois caché et immédiatement perceptible grâce à

des volumes en saillie coiffés de quarts de cylindres de Plexiglas. On s'étonne de ce matériau. Il est, bien sûr, essentiel dans la conception.

D'abord par sa forme courbe. « La métaphore des nuages », lance Hara. Mais surtout par la lumière toujours changeante qui s'y reflète. « C'est, une fois de plus, la preuve que dans toute obscurité, il y a une part de lumière. D'ailleurs, tout le traitement de la lumière ici consiste à renverser les notions traditionnelles. D'ordinaire, quand on entre dans une maison, il y fait plus sombre que dehors. Ici, c'est le contraire. Le choix des matériaux, des couleurs, donne une impression de brillance, indépendante de la quantité de lumière proprement dite. Dans tous mes projets, je travaille la lumière zénithale par des ouvertures dans le sol. Ainsi, dans la gare de Kyoto. Mais le résultat, là-bas, est délibérément

« L'intérieur, c'est l'extérieur ; la lumière, c'est l'obscurité ; la symétrie, c'est le désordre. »

La seconde maison, que vient de terminer l'architecte, est l'antithèse de la première. C'est une tour de verre, entièrement transparente.

À droite
On ne sait pas vraiment à quoi sert cet espace. Mais il illustre les nouvelles recherches formelles de l'architecte. Simplicité basique des formes, jeux de reflets...

sombre. » Première clé de lecture, qui donne du sens à certains détails : le gris uniforme des murs et le noir des carrelages, par exemple, contribuent à faire de chaque partie construite un écran de projection pour son grand théâtre d'ombres.

Lorsqu'il commence sa propre maison, Hiroshi Hara est engagé dans une recherche personnelle qu'il approfondit de projet en projet. Il bâtit pour ses clients, de façon systématique et quasi obsessionnelle, des villas ordonnées selon des plans rigoureusement symétriques. Son domicile s'inscrit ainsi dans la série des « maisons-miroirs ». À l'époque, un tel choix est encore polémique : il s'agit de mettre en question l'un des dogmes de la modernité. Celle-ci impose en effet le plan libre et proscrit ce qui peut évoquer, de près ou de loin, le balancement classique.

Retour apparent à l'ordonnancement symétrique des espaces, donc. Mais cet ordre n'est mis en place que pour être aussitôt détruit. « Car ma maison, explique l'architecte, n'est en réalité symétrique qu'une seule fois par an, quand la course du soleil suit exactement la ligne de la verrière. Le reste du temps, elle crée au contraire des ombres qui se projettent dans tout l'intérieur et superposent à ma construction un ordre éphémère, fluctuant et forcément dissymétrique. En fait, toute la rigueur de l'architecture n'est là que pour mettre en évidence le chaos de la lumière. »

Le travail est subtil, le constat irréfutable. On comprend mieux, du coup, la récente

duplication de cette maison sous la forme d'un simple cube de verre posé sur un socle. Côté fonction, le discours reste flou. Il s'agirait d'une maison destinée à la mère de l'architecte, laquelle ne l'a jamais occupée. Ou bien d'un atelier pour sa fille, qui peint. Ou bien, tout simplement, d'un lieu pour accueillir d'éventuels invités. Mais l'essentiel est ailleurs. Dans

La salle de bains de la nouvelle maison donne directement sur l'extérieur. On y retrouve les tonalités métalliques de la cuisine.

une volonté renouvelée, toute personnelle, de conjuguer avec le minimum de moyens la nature, la lumière et la technologie. Le raffinement est tel, ici, que chacun des panneaux de verre est différent, plus ou moins transparent, plus ou moins réfléchissant, afin de varier les reflets.

Une fois encore, l'architecte a travaillé en grande série, en menant sa réflexion sur plusieurs projets. « Ce cube de verre, dit-il, est issu d'un travail que j'ai mené pour prendre acte à travers l'architecture de l'importance croissante de l'informatique dans notre société. » Il cite alors Mies van der Rohe. Le principal mérite de cet architecte qui a cultivé la transparence serait selon lui d'avoir réfléchi sur la lumière électrique artificielle. Celle-ci n'en était alors pourtant qu'à ses balbutiements, elle n'avait pas encore révolutionné le paysage nocturne des villes, mais il a su la prendre en compte et la mettre en scène.

Son ambition actuelle serait d'en faire autant de l'informatique, à travers un projet qui tient à la fois du jeu et du défi prométhéen, perdu par avance. « J'ai été impressionné, raconte-t-il, par le défi que s'est lancé, il y a quelques années, un champion d'échecs qui avait accepté de se mesurer à un ordinateur. À mon tour, avec cette série de maisons, j'ai tenté de réfléchir comme un ordinateur. » Miracle : le résultat est ici épuré. Transparent. Naturel. ■

La salle de tatami.
Vouée à la détente
et à la méditation,
elle sert également
de chambre
à coucher.

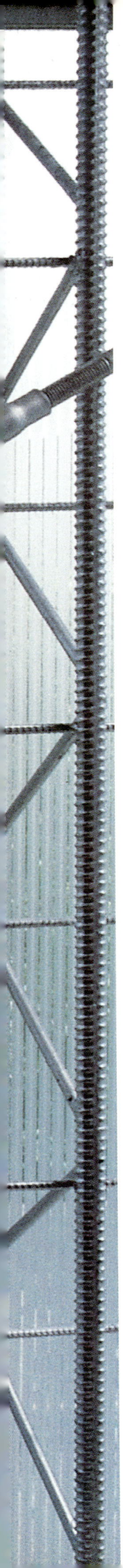

Béton et ferraille sont ici complémentaires.

Jeux savants

Norihide **Imagawa**

1947
Naissance à Hiroshima.
1978
Fondation de TIS & Partners.
1990
Publication de *Timber companion ; approach to spaces in wood*.
1993
Ouverture d'une filiale à Manille.
1994
Maison Kadota, Fukuoka, Japon, avec l'architecte américaine Adèle Naude Santos.
1999
Collaboration avec Ricardo Bofill pour la construction de l'immeuble Shiseido, à Tokyo.

NORIHIDE IMAGAWA CROIT DUR COMME FER que les matériaux sont vivants. Bois, acier, verre ou béton ne se réduisent pas, pour lui, à des calculs géométriques, mais développent chacun leur propre caractère. Ils ont un temps d'existence donné, que sa mission à lui est de prolonger autant que possible ; ils définissent la forme et le volume des espaces habitables, ils se collettent, avec plus ou moins de bonheur, avec les tempêtes, les orages et, au Japon, les tremblements de terre. Bref, ils sont eux-mêmes, avec leurs faiblesses et leur noblesse, et il convient de les traiter avec amour. Norihide Imagawa a construit une maison – la sienne – pour en faire la démonstration.

C'est qu'il n'est pas tout à fait un architecte comme les autres. À 52 ans, il a derrière lui une œuvre personnelle qui se réduit finalement à peu de chose : une navette spatiale qui n'est pas près de décoller puisqu'elle est plantée dans un parc d'attractions, une tombe bouddhiste réalisée à la demande d'un ami, un jardin zen, le dessin de nouvelles pâtes alimentaires (des macaronis), et sa propre maison, située à une heure de Tokyo, dans un quartier dit résidentiel, mais qui pourrait en fait être la banlieue un peu tristounette d'une ville américaine.

Et pourtant, depuis trente ans qu'il travaille, cet architecte, également ingénieur, a participé à plus de mille cinq cents projets et collaboré avec deux cent soixante de ses confrères. C'est vers ses services que s'est tout naturellement tourné Ricardo Bofill, lorsqu'il a débarqué au Japon afin d'y réaliser un bâtiment de prestige pour Shiseido. Sa société, Technical Invention Society (TIS & Partners), a ouvert des bureaux à Tokyo, mais aussi à Hiroshima (la ville natale de Norihide) et à Manille. Elle emploie aujourd'hui une cinquantaine de personnes. Lui-même vient de publier au Japon un livre

Page de gauche
Cube de verre et cube de béton enlacés : la maison d'Imagawa se lit d'abord comme un concept.

sur les différents types de charpente, résumé de ses cours à l'Université de Tokyo, immédiatement publié en anglais. C'est que son métier n'est pas de rêver, mais de traduire dans la matière, très concrètement, ce que d'autres ont imaginé. Imagawa est un spécialiste de ce que l'on appelle, d'un nom quelque peu pompeux, le « design de structures ». Il s'intéresse aux squelettes des bâtiments.

Petites lunettes d'acier, cheveux argentés, éclats de rire faciles : l'homme a un côté professeur Tournesol, à la fois passionné par ses recherches et mû par le besoin urgent de prendre congé d'un ordinateur qu'il juge trop omnipotent. Sa maison est à son image : démonstration de tout ce qu'il est possible de faire quand on pousse la matière jusqu'à ses limites, mais aussi fantaisie gratuite, facétieuse, d'un artiste qui ne souhaite pas forcément tout justifier.

Côté efficacité tout d'abord. De l'extérieur, c'est une maison que l'on qualifierait volontiers, en Europe, de moderniste. De la rue, on perçoit simplement un grand parallélépipède

Ci-dessus
L'escalier occupe le centre de la maison. Il s'inspire de l'une des rues les plus célèbres de San Francisco : Lombard Street.

Tout en haut de l'escalier, un toit sous le toit. Fantaisie gratuite.

de verre de 8 mètres de hauteur, enchâssé dans deux blocs de béton dont les toitures, plates, sont utilisées en terrasse. Le tout à angle droit, tiré au cordeau, à peine adouci par quelques corbeilles de fleurs dont s'occupe madame, qui ne s'intéresse pas plus que cela à l'architecture. Au premier abord, cette composition hybride pourrait signifier la volonté de ne pas prendre parti. Entre les défenseurs de la transparence, de la légèreté du verre et les apôtres du tout béton et de l'opaque, Imagawa ne choisit pas. Il combine gaillardement.

Mais la démonstration, chez lui, va plus loin. « Le béton, explique-t-il, est une technologie d'importation récente au Japon. En général, il est de qualité médiocre. Il n'est pas fait pour durer et souvent, on l'a vu lors du dernier tremblement de terre de Kobe, en 1995, il n'est pas adapté à notre nature. J'ai beaucoup réfléchi sur cette question et finalement, j'ai mis au point une autre façon de le travailler. J'ai mis au point un nouveau type de charpente tridimensionnelle qui ne nécessite pas le montage d'un échafaudage. Résultat : un béton de meilleure qualité pour un chantier qui prend finalement trois fois moins de temps. »

Utilisant sa propre maison comme un centre d'exposition, Imagawa a prêché par l'exemple et donné à voir cette charpente miracle. Mieux : alors que la vocation de cette dernière est d'être noyée dans le béton, il l'a utilisée non seulement pour armer les parties bétonnées de son édifice, mais aussi comme un support auquel viennent s'accrocher les panneaux de verre. À vrai dire, pour qui n'est pas un professionnel de la construction, cet assemblage de ferraille ressemble à s'y méprendre à du fer à béton ordinaire, mais là n'est pas vraiment la question. Le but est de faire passer un message précis. Grâce à l'emploi généralisé de ce matériau, il a réussi à gommer toute solution de continuité entre le travail du verre et celui du béton. L'un et l'autre se supportent et sont complémentaires.

À l'intérieur, après avoir rituellement déposé ses chaussures sur le seuil, on poursuit, en sandales, une visite en forme de démonstration. Cette fois, c'est le bois qui entre en scène. Parquet, escaliers, simples panneaux de contreplaqué pour habiller certains murs. Ceux-là mêmes qui sont utilisés pour la réalisation, sur le chantier, des coffrages de béton. D'une pièce à l'autre, celui-ci se décline, de son

Dans la salle de tatamis, la cérémonie du thé laisse parfois la place à celle du repassage.

côté, dans toutes ses splendeurs possibles. Lavé, gratté, préfabriqué, rainuré, et même, au travers d'une fenêtre, peint en rouge vif sur sa tranche. « Parce qu'il lui arrive, à lui aussi, de saigner quand il est blessé... », plaisante Imagawa. Le défi était de tout montrer sans avoir l'air de dresser un catalogue de matières. Toujours décalé, prêt à une pirouette, l'architecte l'a relevé avec bonheur.

L'instant d'après, le voici redevenu sérieux. « La grande qualité du béton, c'est sa flexibilité. Il offre à l'architecte la possibilité de composer de grands espaces comme il l'entend, sans qu'il ait à s'encombrer de poteaux ou de murs porteurs. C'est ce qui m'a permis, d'un niveau à l'autre de cette maison, d'inventer des combinaisons différentes et de multiplier les effets de surprise. » Autrement dit, passé le nécessaire

Tout au fond de la chambre à coucher, une petite porte, aussi basse que celle des anciens pavillons de thé. Pour rejoindre son épouse, l'homme doit ainsi se courber, en signe d'humilité.

inventaire de ses talents de terrain, Imagawa va pouvoir être lui-même. Place à son imaginaire.

Au centre de la maison, on ne voit qu'une succession en quinconce de volées d'escalier qui s'envolent vers le ciel d'une verrière. Haut, très haut, jusqu'à buter, pour rien si ce n'est pour le plaisir, contre la vitre même du toit. Comme si cet espace central, ce patio andalou revu par un Japonais, était entièrement voué à la circulation, aux rencontres, aux échanges. On se parle, on se penche sur les rambardes, on s'observe. De fait, son modèle vient de la rue. Imagawa a étudié aux États-Unis. Il a aimé Lombard Street à San Francisco. Celle qui a fait le tour du monde, par carte postale interposée, à cause, précisément, de ses escaliers qui partent à l'assaut d'une colline.

Tout autour de cette rue principale, verticale, se déploie sa ville intime. En bas, découverte

« Tout mon travail est d'exalter la beauté des matériaux. Verre, béton, bois et acier participent du même langage. »

en plongée, une variation insolite sur le jardin sec des temples zen. Les plus célèbres, ceux de Kyoto, sont constitués de sable ou de galets où sont posés des cailloux qui symbolisent l'Univers. Imagawa a repris le principe, mais les galets sont remplacés par des billes de verre et, par plaisanterie, il a planté ici et là des fleurs que bannit pourtant sévèrement la tradition. Mais ce sont des tulipes multicolores, en plastique. Et l'on peut, en outre, abaisser un écran sur l'une des cloisons, ce qui transforme en un

Mayumi, la fille d'Imagawa, travaille avec son père.

Le frère de l'architecte peint des calligraphies. Il en a accroché quelques-unes, comme il accroche, d'ailleurs, tout ce que lui offrent les gens qu'il aime.

Au bas du grand escalier central, haut de 10 mètres, variations sur l'esthétique du jardin zen.

clin d'œil le lieu de méditation en salle de visionnage.

Au rez-de-chaussée, le salon. Table basse, canapé en cuir à l'européenne, une calligraphie offerte par son frère : Imagawa aime les gens, les voyages, les cultures du monde. N'étant pas un « jusqu'au-boutiste » de l'art de vivre nippon, il ne rechigne pas à prendre le bon côté du confort occidental, voire à disposer ici et là quelques bibelots et gadgets témoins de ses pérégrinations. Même s'il a grandi, lui, dans un intérieur minimaliste où l'on s'agenouillait pour dîner sur des tatamis, il se contente de prendre du passé les éléments qui l'intéressent et réinterprète le reste à sa manière. Quitte à se ménager, au dernier étage, une vraie salle de tatamis. Il s'y retire lorsqu'il a vraiment besoin de se ressourcer. Le reste du temps, c'est son épouse qui l'utilise pour repasser.

Au-dessus, sa propre chambre. Au-dessus encore, celle des enfants. Puis le clou du spectacle : la petite maison dans la maison. Un toit de tuile, en pente, enchâssé sous la verrière. Du toc ? Pas le moins du monde. Car l'architecte a pris soin de ménager des fuites entre les plaques de verre, si bien que l'eau ruisselle, les jours d'orage, et fait gargouiller la gouttière qu'il n'a pas manqué d'installer. Pourquoi ? L'explication se limite à un nouvel éclat de rire. « Parce que je suis un esprit joueur. » Libre au visiteur d'y voir, par exemple, une version moderne du théâtre nô, où la scène, même si elle est placée à l'intérieur d'un bâtiment, doit impérativement être recouverte d'un toit à double pente. Lui préfère garder ses secrets.

Artisan reconnu par ses pairs, Imagawa envisage aujourd'hui de signer de plus en plus d'œuvres qui lui appartiendront d'un bout à l'autre. À force de voir travailler les autres, de les aider à réaliser leurs utopies, il s'est forgé des idées assez précises sur l'art qu'il pratique. « Mais il n'est pas facile d'entrer en compétition, que ce soit dans des concours ou des consultations, avec des gens qui, le reste du temps, me font vivre parce qu'ils sont mes clients. » S'il est prêt, cependant, à prendre le risque, c'est que sa propre maison lui a beaucoup appris. Elle lui a permis de dépasser la simple maîtrise technique pour donner un sens aux espaces qu'il construits. « Cela passe par des choses toutes simples. Mettre un interrupteur à la bonne place ; utiliser la lumière naturelle ; mettre en place des diagonales pour démultiplier l'expérience de l'espace ; créer un rythme ; faire en sorte que dans cet habitat collectif qu'est une maison l'on puisse tous se sentir, et pourtant ne pas se gêner… » Avec les mille et une contraintes du quotidien, cette maison incarne en somme, pour l'architecte Imagawa, la révélation de l'architecture. ■

« Il arrive que le béton saigne, quand il est blessé. »

Pour délimiter son terrain, Imagawa n'eut droit qu'à une clôture. Il a donc entaillé de quelques encoches l'enceinte de béton.

Du palais au palimpseste

Enric **Miralles** et Benedetta **Tagliabue**

› **1955**
Naissance à Barcelone.
1987
Centre civique de Balenyà, Espagne.
1991
Pavillon du tir à l'arc pour les jeux Olympiques de Barcelone.
1993
Gare de Takaoka au Japon.
1993
Centre sportif d'Alicante, Espagne.
1995
Cimetière d'Igualada, Espagne.

ENRIC MIRALLES EST ATTENTIF aux signes du destin. Arriver dans cette maison, ce fut pour lui comme une leçon, un message à demi-mot délivré par les pierres, comprenne qui pourra. Il a compris. Qu'on ne décide pas de tout et qu'il faut accepter les choses plutôt que de prétendre les maîtriser. Qu'il y a toujours une part d'imprévu, une leçon de modestie dans l'architecture. Que les projets d'un même homme participent du même murmure. « Je m'en doutais déjà, mais cette maison, dit-il, m'a rappelé qu'il est nécessaire d'entretenir la conversation, longuement, avec les lieux où je construis, puis avec ce que j'ai moi-même construit. »

À l'origine, en 1992, il ne cherchait pourtant, avec sa femme Benedetta Tagliabue, également architecte, qu'un grand espace pour vivre et voir grandir leurs deux enfants. Le couple n'était pas des plus fortunés, la carrière internationale de l'agence, fondée en 1985, étant à peine entamée. On viserait le plus grand, sans s'embarrasser du prestige de l'adresse. On s'installerait, plutôt, dans de l'ancien. D'instinct, au flambant neuf, on préférait en effet déjà l'occasion, le déjà porté, le plein de vécu. On passerait juste un coup de blanc sur les murs patinés.

C'est Benedetta qui se chargea de la recherche. Italienne, étrangère donc à la culture catalane, elle se rendit sans préjugés là où son mari, Barcelonais, ne serait pas forcément allé, dans les quartiers que l'on disait à cette époque historiques, pour ne pas avouer qu'ils étaient tout bonnement pouilleux. À deux pas de la cathédrale, les murs sentent encore le moisi et le soleil ne perce que quelques heures par jour dans les ruelles. Barcelone accueille alors les jeux Olympiques, mais elle ne fait encore qu'entamer sa révolution culturelle.

Le bureau de l'artiste, au centre de sa maison. Jeu de miroirs : il travaille souvent chez lui, et il vit dans son agence comme dans sa maison.

Le patio intérieur de l'hôtel particulier.

Benedetta, elle, a vécu à Venise. Elle n'est pas femme à s'effaroucher du linge qui sèche aux fenêtres ni des gamins qui jouent sur les trottoirs. Elle déniche un hôtel particulier abandonné, en ruine. La façade est banale, mais passé le porche, il y a un patio avec un palmier qui berce l'escalier. Un petit jardin derrière. On dirait, en plus modeste, un de ces grands hôtels médiévaux de la rue Montcada, où est venu se loger le musée Picasso. Elle est sous le charme.

Comme en plus ce n'est pas cher, l'affaire est vite conclue. « Aujourd'hui, je peux toujours théoriser, ironise Enric. Dire que j'avais déjà installé mon agence dans le vieux cœur de Barcelone et que venir habiter ici était un geste militant, une protestation contre le grand nettoyage de la ville. Comme pour montrer qu'on pouvait vivre ici, dans ce mélange de populations, sans forcément tout détruire. Mais il est facile de justifier ses choix *a posteriori*. L'idée, c'était d'abord d'habiter là où nous pouvions trouver un espace à la fois à la mesure de nos envies et de nos moyens. »

Les travaux démarrent. Des kilomètres de papier peint à arracher, des portes à décaper, des sols à refaire, une distribution des pièces à inventer, ni loft ni appartement traditionnel. Et soudain, c'est la surprise. Sous les tapisseries se dévoile une première fresque. Puis une seconde. Fous de joie, les peintres font des essais partout. « On ne pouvait plus les arrêter, se souvient Miralles. Ils grattaient à un endroit, puis à un autre... » Peu à peu, il apparaît que les murs de cette maison sont entièrement recouverts de motifs peints. Mieux encore : ces fresques sont composées de plusieurs couches superposées qui s'écaillent, se mêlent et brouillent les chronologies. On en identifie certaines comme datant de la Révolution française, d'autres sont plus floues, plus anciennes. Il n'y a plus qu'à déchiffrer, avec finesse, le palimpseste.

À un endroit, le plâtre tombe. Un maçon creuse un peu plus, et cette fois, apparaissent des ogives en pierre taillée. Du gothique civil, celui de la grande époque royale et méditerranéenne de Barcelone. Peut-être s'agit-il d'un cloître du XVe siècle. Et un chapiteau de colonne, avec un ange qui pointe son doigt vers le cœur. Au-delà des siècles, ce sont des générations, des vies, qui sont, sans solution de continuité, imprimées sur ces murs. Un vrai trésor, qui d'un point de vue marchand ne vaut rien, mais qui fait

Devant la chambre, un petit jardin intérieur. Un trésor au cœur de la Barcelone médiévale.

rêver. « C'est là que j'ai compris que l'on ne doit jamais arriver sur un site avec des idées préconçues. Que l'architecture ne peut être que dialogue. » Un dialogue éphémère, qui ne fait que cristalliser un moment. « Mais tout moment, toute époque dégage sa propre beauté. »

Ce dialogue, Enric Miralles a donc choisi de le perpétuer, de le mettre en scène et de le nourrir. « J'ai voulu, résume-t-il, que cette maison pousse comme un hybride. Une sorte de boîte de Pandore où sont contenues, hors du temps, des dizaines de vies et nos vies à nous. » Depuis, il a fait de même dans sa nouvelle agence, installée à quelques pas, également dans un ancien hôtel particulier. « Mon agence, dit-il, a l'air d'une maison. Elle est jumelle de mon lieu d'habitation. Elle applique à l'ordre du travail ce que je vis chez moi. Et inversement. » Cette mise en perspective du temps est ainsi devenue son leitmotiv, et ce n'est pas un hasard si Barcelone, qui l'a longtemps boudé (son plus grand projet, ici, était jusqu'à présent la salle du tir à l'arc sur la colline Olympique), a fait récemment appel à lui pour rénover, et bien sûr transformer,

*Les couloirs,
dans cet espace
qui tourne
sur lui-même,
sont des pièces
à vivre autant
que des lieux
de circulation.
Au-dessus
de la porte,
une sculpture
médiévale
découverte
lors des travaux.*

À droite
Les fresques qui ont été retrouvées sur les murs sont intactes. Mais elles s'intègrent dans la création personnelle de l'architecte.

«Il est nécessaire d'entretenir une longue conversation avec les lieux où l'on construit.»

Double page suivante
Grâce aux rayonnages métalliques qu'Enric Miralles a lui-même dessinés, on ne passe pas devant les livres, mais on se promène parmi eux. Cela change tout le rapport au savoir.

l'ancienne halle d'un marché. L'enfant prodigue, parti faire carrière dans tout le pays, voire à l'étranger, plutôt que dans sa Catalogne natale («Il faut du temps, dit-il, pour devenir prophète en son pays»), revient ainsi chez lui en douceur, en couturier de l'architecture.

Lui que l'on rangerait plutôt du côté des Jean Nouvel ou Renzo Piano, c'est-à-dire des modernes qui prônent la liberté des formes et l'affranchissement des aînés, le voici ainsi confronté à l'empreinte du passé. Il la traite à sa manière : au pastiche ou à la mise en vitrine respectueuse, il préfère un traitement poétique. Son travail est de l'ordre de la confrontation, de la métaphore. L'une de ses œuvres majeures, le cimetière d'Igualada qu'il a mis plus de dix ans à construire (de 1985 à 1996) en Espagne, tire ainsi toute sa force du collage. Inséparables sont les références à l'histoire, incarnées notamment par un amphithéâtre antique, et les souvenirs personnels. On y retrouve par exemple toute la nostalgie du cimetière marin de Barcelone, planté au-dessus du port, que l'auteur avoue avoir longuement fréquenté. Et mille autres choses encore. «Un cimetière, écrit l'architecte dans un livre qui lui est consacré, ce n'est pas une tombe. C'est plutôt une relation avec le paysage et avec l'oubli (...). Il m'a toujours semblé que nous travaillions dans un endroit où ce projet existait déjà. Il me semble avoir été fini depuis le commencement de la terre. Les souvenirs sont déposés dans les fissures des tombes.» Le propos vaut également pour son palais déchu, ruiné, et par lui ressuscité.

Miralles est de ceux qui pensent que les bâtiments naissent, grandissent, vieillissent et meurent. Il est question non pas de restaurer, mais d'accueillir cet univers tel qu'il va, avec ses angles qui s'effritent, sa poussière entre les pierres contre laquelle on ne peut rien, ses motifs peints décapités par le temps. Ici, on laisse les fresques. Là, on redécouvre, par fragments, le Moyen Âge. Il ne reste alors qu'à rajouter ses propres marques, à s'imbriquer dans ce qui est donné. Une couche de plus, en somme, celle d'un homme qui n'a pas honte d'être de ce temps-ci, mais qui n'en tire pas non plus une gloire particulière.

plaques homogènes, dans un geste faussement aléatoire. On les encadre par du parquet tout neuf, qu'on ne cherche surtout pas à vieillir. Dans la cuisine, et dans certains salons, il reste des azulejos catalans. Tels quels ils n'auront qu'à se colleter avec l'aluminium et l'inox. Et pour brouiller définitivement les pistes, on suspend sur les parois les plus immaculées des tableaux qui ont été trouvés dans le jardin. Les toiles ont été délavées par la pluie, brunies et craquelées par le soleil. De loin, on dirait des abstractions à la Tàpies ; de près, on distingue des paysages affaiblis, lointains, improbables.

La chambre. Derrière la demi-cloison, traitée comme un paravent, la salle de bains.

Voici donc un mur courbe qui vient affiner une perspective. Plus il est blanc, lisse et parfait, mieux cela vaut, par contraste. Ou encore une bande de peinture blanche, délibérément passée à la main, malhabile cette fois, qui ose encadrer l'ancien, le modifier, trancher dans le vif. Et des rayonnages en métal. Et des gribouillages d'acier. Et des fils électriques qui courent sans se cacher ni s'encastrer, jusqu'à des lustres dont les formes semblent les fruits du plus pur des hasards. À mille lieues d'un musée, c'est ainsi une vraie maison qui prend forme.

Les carrelages d'origine sont par endroit dépolis, brisés. Qu'à cela ne tienne : ils sont entièrement déposés, triés, puis disposés, par

Comme le passé de cette maison. La vie, ensuite, reprend ses droits. La distribution de l'espace joue, ou plutôt se joue de ce plan carré, très ancien, qui dispose les pièces, traditionnellement, autour d'un patio central. Enric Miralles aime plutôt les courbes, les zigzags, les obliques et les tours et détours gratuits. Il va devoir, là encore, inscrire sa logique dans une autre logique. Autrement dit, relancer la conversation.

Le voici donc en train d'ouvrir les pièces comme on part à l'abordage. Par l'arrière, par l'avant. De taille et d'estoc. Une brèche ici, vitrée, une fenêtre là, qui ne sert pas à grand-chose, sinon à permettre au regard de se glisser, déjà, dans la pièce d'à côté. Étrange intérieur en

Les anciens carrelages ont été déposés, nettoyés, et replacés, en plaques aléatoires, entre les lames de parquet.

Passage de l'enfant-roi.

vérité, où l'on ne cesse de marcher pour revenir, au final, au point de départ. Où chaque pièce est aussi, un peu, un couloir. Où les cloisons sont là à la fois pour clarifier le jeu et pour complexifier l'espace. Où les portes ne servent pas à fermer, mais à encadrer des surprises, des accidents de formes... Dans la pièce centrale, le plafond a été retiré, ce qui ouvre l'espace sur deux niveaux, mais les poutres sont toujours là, transversales, passées au blanc, sans doute pour hachurer le volume, le rythmer tout en le laissant aller.

Gratuit ? L'artiste ne s'en défend pas. Il aime, effectivement, le geste libre, joyeux, spontané. Gratuites, les pergolas de bois, comme d'éphémères baraques de foire, qu'il a dressées sur la rambla de la ville de Reus, en Espagne. Gratuites, ces constructions oniriques qui rythment l'avenue Icaria, l'une des nouvelles voies du Poble Nou, un ancien quartier industriel de Barcelone bouleversé lors des jeux Olympiques. Des escaliers pour rien, des machines inutiles et immobiles. Il est dit que ces pavillons peuvent servir à accueillir un marché ou des événements ponctuels. Faux prétexte, évidemment. Gratuites, enfin, les ondulations de métal disposées devant la gare de Takaoka, au Japon, même si Miralles les justifie, dans ses livres, comme un écho à l'univers urbain qui se déploie sauvagement tout autour. Gratuites, mais toutes nécessaires. Car dictées par l'instinct de l'artiste. Généreuses, à l'image de son physique de colosse et de son tempérament.

Dans son intérieur, il accueille et juxtapose, suffisamment confiant en lui-même pour ne rien s'interdire. Le sens viendra plus tard, éventuellement. De toute façon, une pièce, c'est d'abord un lieu qui s'imprime de pensées. Un ramassis de souvenirs matériels ou immatériels. Pêle-mêle donc, des meubles dessinés par lui et des objets rassemblés par la vie. Une immense table en bois brut et un dressing vitré des plus raffinés. Une bibliothèque, mais aussi une vinothèque, où les culs de bouteilles ont droit à autant d'égards que la tranche des livres. Des jouets d'enfants, des photos de mariage et une poubelle dans la cuisine avec un sac en plastique dedans, comme dans une maison familiale ordinaire. Tout l'art est d'équilibrer, sans jamais rien figer. D'occuper l'espace jour après jour, d'être prêt à le réinventer, sans vouloir le réduire à une théorie.

Cheminées bouchées, fenêtres rayées de blanc : Miralles adore jouer avec l'existant. Il revendique l'humour en architecture.

« L'ordre est une négociation, un compromis, dit-il, avec la vie qui crée par nature du désordre. Le miracle, c'est que parfois certains désordres sont beaux. Peut-être parce qu'ils sont nécessaires. J'ai parfois l'impression que les objets laissés sur ma table, quand je travaille, sont comme une machine. Ils font avancer mes projets pendant que je dors. Eux aussi, il faut savoir les écouter... » ■

PETER
KLASEN
TRACES
maeght 46 rue du

Vivre à l'oblique

Claude **Parent**

Vieille France et France d'avant-garde...

1923
Naissance à Neuilly-sur-Seine.
1953
Première agence avec Ionel Schein. Maison Gosselin, Ville-d'Avray.
1962
Maison de l'Iran, Cité universitaire de Paris, avec André Bloc.
1963
Villa Drusch et Villa Bordeaux-Le Pecq.
1964
Église Sainte-Bernadette-de-Banlay, Nevers, avec Paul Virilio.
1974
Direction du plan architecture pour les centrales nucléaires d'EDF.

Page de gauche
Dans la cuisine, tout est parfaitement en ordre. La table a été dessinée par l'architecte.

Il est de ceux qui affirment que s'intégrer, en architecture, ce n'est pas se faire oublier. C'est plutôt s'affirmer, sans gesticulation, mais sans complexe. Au tout début des années cinquante, Claude Parent a pris ses quartiers à Neuilly, imposant sa marque à l'entrée d'une impasse, une villa jusque-là plutôt uniformément rétro. Il y est resté, fidèle sans vraiment le vouloir à la ville où il est né.

Tout autour, la rue de Longchamp déploie les courbes d'une Belle Époque discrète, bourgeoise, aérée de parcs, squares et jardinets. Même Le Corbusier, qui a planté tout près un petit ensemble d'immeubles, semble avoir pris des gants : références aux formes traditionnelles de construction, arcades, ocre aux façades, on est loin de la souveraine indifférence au contexte qui marque ses immeubles-manifestes.

Avec son quadrillage de béton, fantaisie géométrique soulignée à grands traits de couleurs primaires, la maison de Claude Parent a beau s'accrocher à un hôtel particulier cossu et respecter l'alignement de l'impasse, elle se voit de loin. Différente et, on le pressent, pas mécontente de l'être. On n'en attend pas moins de cet enfant terrible de la modernité d'après-guerre, à la fois vieille France et éternellement d'avant-garde, architecte, poète, dessinateur et rêveur, créateur polémique qu'un Jean Nouvel considère, aujourd'hui encore, comme son père spirituel.

Les quarante ans d'architecture de Claude Parent sont émaillés de maisons individuelles conçues pour les autres. Elles illustrent toutes, très directement, ses obsessions du moment. Il le dit lui-même : « Vous travaillez, dans ce cas-là, avec un client particulier qui vous a choisi, vous pouvez donc discuter, argumenter, convaincre plus facilement. La maison individuelle, pour un architecte, c'est un laboratoire, un espace de liberté. » Pas étonnant si l'une de ses œuvres maîtresses est justement l'étrange demeure qu'il a

« J'ai construit des maisons individuelles pour les autres, mais pour moi, j'ai toujours bricolé. »

réalisée pour Gaston Drusch, un industriel parisien installé près de Versailles. Un grand cube en béton et verre renversé, en équilibre sur son arête. Une sorte d'arrêt sur image. Une victoire de la stabilité sur le mouvement. Un concept mathématique matérialisé dont la modernité ne s'est, aujourd'hui encore, pas démentie.

Pour construire son propre logis, en revanche, il s'y est pris différemment. Pas de plan d'ensemble ni de théorie à illustrer. La maison que l'on découvre aujourd'hui a pris peu à peu la place d'un alignement de garages, mais il y eut des essais, des tâtonnements, des compromis. Il fallut s'adapter aux besoins fluctuants des enfants, faire plaisir, aussi, à Naad, celle qui partage sa vie depuis quarante ans. Et des remises en question : régulièrement, il casse et il refait. « Au total, commente-t-il, cette maison-refuge n'a jamais été loin de ma réflexion générale, mais on n'en perçoit ici que son écho feutré, brouillé, fragmenté. »

« J'ai bricolé », affirme-t-il, toujours détaché, modeste malgré lui. Ce dandy qui se fit une gloire, par goût autant que par provocation, de rouler en Rolls Royce assure ne jamais avoir eu les moyens de se payer son utopie construite. D'ailleurs, la maison appartient à sa sœur. Tout au moins a-t-il eu, toute sa vie, d'autres priorités, ce qui est en soi un signe. La construction d'un temple personnel ne lui a jamais paru essentielle.

À l'origine donc, une succession de cinq boxes, et au-dessus, un tout petit studio. C'est de là qu'il fallut partir pour établir un premier élément d'habitation, lequel s'ouvrit d'abord, en attendant

Au fond du salon, un pan incliné, illustration des théories de l'oblique chères à Claude Parent.

fois retravaillée depuis, sa propre maison est conçue, en somme, avec l'enthousiasme d'un débutant dans la carrière.

À l'intérieur comme à l'extérieur, la même grammaire simple, élémentaire. C'est André Bloc qui a peint les carrés au centre de la façade.

On y retrouve tous les principes sur lesquels se fondera son travail ultérieur. À commencer par cette volonté de rompre avec le classicisme et l'esthétique des beaux-arts. « La modernité, rappelle-t-il, avait des principes stricts. Pas de toits à pente, pas de cave, pas d'entrée, puisque c'était de la place perdue, le moins de portes possible et de préférence coulissantes, pas de ces trous percés dans les murs qu'on nomme banalement fenêtres. Les plafonds devaient être bas, le plan ouvert, afin de permettre aux espaces de communiquer entre eux. Pour les isoler, on avait tout juste droit à un système de chicanes. » Admises et même recommandées, en revanche, les références à l'esthétique dépouillée japonaise, ou encore aux artistes néoplasticiens, auxquels Parent ne va jamais cesser de se référer, tels Rietveld, Théo Van Doesburg et Bram Van Velde. Pour ces héritiers de Mondrian, il s'agit de simplifier le monde par l'abstraction, de sacrifier

le détail pour l'essentiel et de parvenir à une grammaire élémentaire qui dépasse le visible. En tant qu'architecte, il relève le défi.

Les aménagements successifs ne trahiront jamais ces principes des premiers jours. Mieux : ils les souligneront. La façade, qui s'est modelée progressivement au fil des acquisitions, ressemble à la toile d'un artiste néoplasticien. Carrés et rectangles, lignes droites brutalement interrompues ont de surcroît été mis en valeur, depuis quelques années, par un système de couleurs primaires, qui donne en même temps à lire la structure du bâtiment. Entièrement évidé, le mur principal se réduit à une baie vitrée rythmée par des poteaux. Les commandements de la fameuse *Charte d'Athènes*, texte fondateur du modernisme

mieux, sur une terrasse. « Je sentais bien qu'un jour j'aurais à dilater l'espace habitable en longueur. Que la terrasse serait couverte. C'est pourquoi je l'ai dessinée d'emblée dans la continuité de la façade. À l'époque, comme il n'y avait pas encore de toit, les stores et les baies vitrées n'ouvraient sur rien. C'était juste un mur percé. »

Quand il se lance dans ce chantier, Claude Parent, qui voulait devenir ingénieur et concevoir des voitures, est encore un tout jeune architecte. Entré dans le métier presque par hasard, il a travaillé quelques mois chez Le Corbusier (dont il passera un peu plus tard, à la faveur d'un article resté célèbre dans *Architecture d'aujourd'hui*, pour le grand pourfendeur) et gagné avec un ami, Ionel Schein, le concours lancé par *Maison française*, un magazine qui proposait aux lecteurs d'élire, à partir de croquis proposés par les meilleurs architectes du moment, leur maison idéale. Maintes

Ci-dessus
Peu de meubles, une harmonie de couleurs, quelques références japonaises, comme ce tableau d'Aki Kuroda.

selon Le Corbusier et ses disciples, sont interprétés, mais respectés.

À l'intérieur, la lumière pourrait entrer à flots, mais elle est filtrée par des stores, naguère en bois, désormais en lamelles d'acier. Assourdie, aussi, par les plafonds bas et la mise en œuvre de couleurs délibérément sombres. « Il n'en a pas toujours été ainsi. Autrefois, la chambre était bleu nuit. Mais le sol, lui, a toujours été très foncé. J'aime que l'espace soit assis de cette manière sur un socle fort. » Aujourd'hui, le parti choisi est plus radical : du sol au plafond, de la cuisine au salon en passant par la chambre, tout se décline en noir et rouge. Même les assiettes que l'on pose sur la table du salon, pour dîner, respectent le partage imposé, mi-sang mi-charbon. À croire que l'artiste n'a accepté la Légion d'honneur que pour pouvoir en épingler la rosette rouge sur son costume invariablement noir. Il se sent bien ainsi. Ces couleurs plaisent à Naad. Il ne théorise pas plus que cela.

Les pièces n'ont cessé de changer de place, voire d'étage. Trimbalés du premier au second, le bureau, la chambre des enfants ou le salon. Il reste, ici ou là, un cabinet de toilette ou une bribe de cuisine, vestiges incongrus et joliment décalés d'une époque antérieure. « Notre propre chambre a connu quatre emplacements successifs. C'est l'un des avantages du plan libre. On peut le composer ou le recomposer en fonction des moments de la vie. » Bien que peu porté sur la gastronomie ou les réceptions, le couple Parent a ainsi fini par aménager, lorsque les enfants sont

Page de droite
La petite bibliothèque, au-dessus du lit, est une application discrète de la théorie de l'oblique.

ART DECO

Double page précédente
Conformément aux théories modernistes, les pièces s'articulent sans couloirs, par un système de chicanes.

Ci-contre
Noir et rouge : ce choix bicolore amortit la lumière et multiplie les reflets.

partis, une grande cuisine dont l'architecte a dessiné la table, au centre. Histoire de pouvoir orchestrer des retrouvailles dominicales.

Ailleurs, peu ou pas de meubles. Il y eut bien, au début, quelques éléments sortis de l'atelier des plus abstraits et des plus industriels des designers du milieu du siècle, fauteuils de Charlotte Perriand et tables de Prouvé, mais ils ont tous disparu. Où? On ne sait: Claude Parent s'en moque. Il est de ces architectes qui luttent pour préserver leur espace du grouillant et du multiple. Les rangements sont intégrés dans la structure bâtie, invisibles. Rien n'échappe à la remise en ordre quotidienne. L'homme, visiblement, veut rester à chaque instant son propre metteur en scène. Il n'expose que ce qu'il veut. « Longtemps, raconte-t-il, je ne voulais rien montrer, même pas mes livres. Ils étaient dans un garage à côté. Une bibliothèque me semblait indécente. Elle met à nu votre intimité. » Depuis, il a dû faire des concessions, accepter quelques bouquins et même, sacrilège, des objets, comme cette lampe Sécession viennoise, près du lit, attribuée à Josef Hoffmann. Un cadeau de Naad.

Les seuls éléments admis dans son quotidien sont quelques œuvres d'art. Non qu'il ait l'esprit de collection : il serait plutôt du genre à perdre, donner ou oublier. Mais parce qu'il fut ami des plus grands artistes de son temps : Yves Klein, Jean Tinguely et surtout André Bloc, sculpteur et fondateur de la revue *Architecture d'aujourd'hui*. Pour celui-ci, il a construit d'ailleurs une splendide maison sur la Côte d'Azur, près d'Antibes.

Outre leur ami, il fut parfois leur associé, vibrant au même rythme, parcouru des mêmes courants, participant aux mêmes tendances, s'employant encore et toujours à tirer l'architecture vers les arts plastiques plutôt que vers l'utilitaire. Cela se voit partout chez lui. Ici, une toile de Michel Carrade, un vieil ami toulousain, issu de l'abstraction lyrique, qui ne peint plus désormais que des rayures. « Ces taches de couleurs illuminent mon espace. » Là, un bronze, posé non sans désinvolture derrière la télévision. Un Ipousteguy. À la fois rond, lisse et fracturé, il a un peu la forme de l'un des bâtiments majeurs de Parent, l'église Sainte-Bernadette-de-Banlay, à Nevers. Ce n'est paraît-il qu'un hasard.

Certains des carrés de couleur, sur la façade de la maison, furent peints par André Bloc lui-même. « Ce sont eux qui livrent l'articulation de tout le bâtiment. » Il y eut aussi longtemps, devant, une de ses sculptures qui scandalisait, par ses allures vaguement phalliques, tout le voisinage. « Elle était posée sur des galets. Des galets de la plage du Havre que je rapportais, tous les week-ends, dans le coffre de ma Triumph… » La statue n'est plus là, partie dans une maison de campagne, mais il reste des mâts de béton dressés autour d'une petite cour cimentée. Une autre histoire, qui fait sourire Claude Parent. « Autrefois, il n'y avait là qu'une simple grille. Et puis un jour, on s'est dit que notre jardin intégrait bien peu de béton, au regard de ce que je faisais ailleurs, pour mes clients. » Il s'ensuivit une grande séance de bétonnage, à la mesure d'un architecte alors fasciné par les formes organiques et opaques des bunkers de l'Atlantique.

Au fond du salon, la moquette noire remonte sur une espèce de talus. Ce toboggan inutile n'a l'air de rien, mais il témoigne de ce qui fut la grande idée de Claude Parent, du temps de son association avec le philosophe Paul Virilio. Le pan incliné, l'oblique. Une théorie complète, d'où devait partir la grande révolution de l'architecture, une manière de réconcilier la ville et l'homme, l'habitat et la circulation. Une nouvelle sensibilité. À l'époque, l'architecte joua le jeu. Sa propre maison fut transformée en grand salon de l'oblique. On mangeait par terre, on s'allongeait sur les pentes, les enfants jouaient dessous. « Ceux qui ont été invités ici s'en souviennent encore. Delouvrier, le grand initiateur des villes nouvelles, était venu ici avec sa femme, plutôt forte, qui avait eu toutes les peines du monde à tenir tout un repas en équilibre sur une bosse de l'oblique… »

Claude Parent au travail. L'architecture, chez lui, se rêve d'abord comme un dessin.

Depuis, il est revenu, chez lui, à une architecture plus sage. Il ne reste de ces années-là que quelques détails, comme ces modestes pans inclinés dans le salon ou encore une petite bibliothèque au-dessus de son lit, où quelques livres penchés filent en diagonales. Mais ce n'est pas fini. Voici que Claude Parent songe à surélever sa maison pour se construire, tout en haut, un troisième niveau avec une petite pièce rien qu'à lui. Oblique bien sûr. ■

DAS IST DAS FERIENHAUS
DES VERWIRRTEN TECHNIKERS!

IRONIMUS 78

La maison, refuge de rêverie.

La maison du bonheur

Gustav **Peichl**

1928
Naissance à Vienne.
1969
Studios pour l'ORF, Salzbourg.
1981
Nouveaux bureaux régionaux de l'ORF à Eisenstadt, Autriche.
1985
Usine d'élimination de phosphates, Berlin.
1986
Bundeskunsthalle Bonn.
1990
Städel Museum, Francfort.

LE HASARD FAIT BIEN LES CHOSES. La rue où vit Gustav Peichl s'appelle Himmelstrasse : la rue du Ciel. Elle monte en lacets. Sur la gauche, un escalier part à l'assaut d'une pelouse-talus. Tout en haut, le mur d'enceinte de la maison. « À partir de là, dit le maître des lieux, vous quittez le monde des passants, des voitures, du bruit pour entrer dans le monde du bonheur. Un monde où le soleil ne brille que pour nous. » Une lueur d'ironie, derrière les grosses lunettes rondes en écaille, tempère le lyrisme de la tirade.

Pour autant, l'initiation n'est pas terminée. Passé le seuil, il faut encore grimper une volée d'escaliers qui filent droit vers le salon. Filtrée par une rangée d'étagères qui se jouent du contre-jour, la lumière est tout au bout. Généreuse, rayonnante. Baies vitrées grandes ouvertes sur un beau soleil de printemps. Qu'y a-t-il au-delà ? Remettant à plus tard l'inventaire de la pièce, on passe la terrasse et l'on s'avance dans le jardin, vague pelouse en longueur. Une centaine de mètres encore, avec les bulbes d'un clocher en point de mire. Tout au bout ? Rien, justement. Des vignes qui hachurent l'horizon et Vienne qui flotte, en contrebas, dans des vapeurs bleutées. Un cèdre centenaire. Au-dessous, un banc pour boire du vin à l'ombre, les jours d'été. Tout simplement.

Page de gauche
« Voici la maison de vacances du technicien fou. » Signé Ironimus, l'autre visage de Gustav Peichl.

Avec ses à-plats de blanc, ses formes pures, ses fenêtres en bandeau, ses volumes constitués de parallélépipèdes alignés, la maison de Gustav Peichl est dans la lignée de l'avant-garde viennoise du début du siècle. Celle qui érige, en réaction contre l'académisme et les contorsions de l'art nouveau, l'économie en principe. Refus de l'ostentation et du décor,

On est à la campagne, dans le vignoble, à portée de tramway de Vienne.

apologie de la simplicité. On pense à la maison « sans sourcils » que le Viennois Adolf Loos planta face au château impérial, et qui courrouça tant, par son dépouillement, l'empereur François-Joseph. L'évocation d'un tel parrainage convient à Peichl, lui qui se réclame, justement, de la modernité, « mais cette modernité qui fait déjà partie de nos classiques ».

En France, ses préférences iraient plutôt aux maîtres tels qu'André Lurçat ou Benjamin Perret qui ne s'encombrent pas, non plus, de détails. Sauf que sur la terrasse de Peichl, il y a un vieux cheval de bois, récupéré au Prater, le parc d'attraction Belle Époque de Vienne. Désuet et nostalgique, Hermann, puisque tel est son nom,

« Dehors, c'est la rue, le bruit, le monde. Passé cette enceinte, vous entrez dans l'univers du bonheur. »

Le jardin, tout en longueur, épouse le parcellaire de l'ancien vignoble. Le cheval de bois a passé toute sa carrière sur un manège du Prater.

n'aurait pas vraiment sa place dans les théories modernistes. Et sur les arêtes blanches, très conceptuelles, de sa maison, l'artiste a fait grimper de la vigne vierge, pour que ses murs verdissent en été et rougissent en automne. Comme s'il fallait affirmer la primauté de la vie sur la théorie.

Gustav Peichl n'a jamais voulu confondre son métier d'architecte et sa vie de famille. Les rouleaux de papier calque, les photocopieuses et les collaborateurs restent dans ses bureaux du centre ville, sur le Ring de l'Opéra. Ici, à Grinzing, on est déjà en vacances et le visiteur, qui n'en revient pas de trouver la campagne si près de la ville, à portée de tramway, flâne tranquillement entre des guinguettes où se perpétue, jour après jour, une ambiance de dimanche bon enfant. On boit du Heuriger sous les tonnelles. Beethoven a vécu non loin de là. Les maisons sont cossues.

Peichl n'a pas voulu faire de sa maison une maison d'architecte qui prenne la pause, pour l'éternité, sur les photos. Du moins pas au premier abord. « Chez moi, vous allez vite comprendre qu'il n'y a rien à dire, rien à décrire, feint-il de s'excuser. Il y a juste à vivre. Tout mon effort a été de concevoir un espace dans lequel je me sente bien, avec toute ma famille. » Cette famille, ce sont trois enfants, aujourd'hui grands, et une femme qui partage sa vie depuis plus de quarante ans. « Elle est essentielle dans mon travail, dit-il. Même si, originaire d'une famille de vignerons et passionnée d'œnologie, elle ne s'est surtout pas mêlée d'architecture. »

L'épouse en question ne se prive pas, en maîtresse de maison sinon en professionnelle, de dire ce qu'elle pense des œuvres de son artiste de mari. « On avait tellement peu d'argent, à l'époque... Si c'était aujourd'hui, j'aimerais une grande salle de bains près de la chambre, une cuisine ouverte où l'on peut manger... » Des rêves à taille humaine. Vivement que Gustav se décide à creuser, dans le jardin, la piscine promise ! Il y en avait une, autrefois, au sous-sol de la maison, mais l'incorrigible architecte a fini par mettre du parquet au-dessus du bassin. Il a ensuite installé une bibliothèque contre le carrelage blanc et aménagé là un bureau de plus. Allez savoir pourquoi.

En quarante ans de carrière, cette maison, sa propre maison, est la seule maison privée que Gustav Peichl ait jamais réalisée. Pourtant les propositions n'ont pas manqué, venues d'artistes amis. Il les a toutes refusées. « Je peux construire pour moi, puisque je me connais à

Ci-dessus
Posé sur une console dessinée par l'architecte Peichl, le livre de caricatures de l'humoriste Ironimus...

À gauche
Le tapis bariolé qui souligne la profondeur de l'espace est un tapis autrichien paysan, de fabrication artisanale.

À quoi bon des portes ?

peu près bien. Mais quelle prétention que de vouloir intervenir dans la vie des autres ! »

On pensait que tel était pourtant le métier de l'architecte. Eh bien, non. Sa passion à lui, c'est d'inventer des lieux de culture ou de savoir. Il a dessiné des musées et des bibliothèques par dizaines. Donné une forme insolite aux studios de la télévision autrichienne. Construit des écoles en Autriche ou en Allemagne. Rêvé de supprimer la route d'accès qui défigure le Mont-Saint-Michel pour le rendre à son insularité première. Bousculé, enfin, la rigueur germanique en construisant, en 1988 à Bonn, un musée, le Kunsthalle, dont la réputation a fait le tour du monde. Un grand bâtiment carré, blanc, opaque, dont la toiture en terrasse est plantée d'étranges et joyeux cônes colorés. Son chef-d'œuvre. Il résume son travail, à la fois rigoureux, obsessionnel et fantaisiste, d'une formule : « L'architecture est la somme de l'espace, de la fonction, de la forme, du matériau, de la couleur et de la lumière. Supprimez l'une de ces composantes, et tout se casse la figure. »

Sa propre maison date de ses débuts, puisqu'elle fut bâtie en moins d'un an, en 1950. Mais il le dit lui-même : « On ne découpe pas la vie d'un homme en tranches. Depuis, je n'ai rien découvert. Je me suis contenté de développer ce qui était en moi, en me tenant toujours à l'écart des modes. J'essaie d'être moderne, mais pas à la mode. » Il est vrai aussi que le terrain, tout en longueur puisqu'il s'agissait d'une ancienne parcelle de vignoble, ne lui a pas permis de déployer le catalogue complet des formes qui l'obsèdent : 5 mètres de largeur, auxquels se sont depuis ajoutés 3 mètres, grâce au rachat ultérieur de la parcelle voisine, c'était trop peu pour travailler le cercle, la spirale, le cylindre ou le cône, ces archétypes qui marquent la plupart

Au fond du salon, le fauteuil blanc, signé Hoffmann, dans lequel s'est assis le pape lors de sa visite à Vienne.

de ses œuvres postérieures. Mais l'essentiel est déjà là. Autrement dit, l'esprit.

Un esprit clair, qui a structuré les espaces sur trois niveaux, en juxtaposant des pièces comme des pions sur un échiquier. (Adolf Loos toujours, celui du minuscule et génial Bar américain, à Vienne. Un architecte capable de décupler un espace exigu par la magie de ses traits et des jeux de miroir.) Chez Peichl, rien n'est grand, mais tout est aéré, serein. Des couloirs tracent des axes, des ouvertures rythment l'espace. Pas de portes intérieures (« À quoi bon des portes ? »), mais néanmoins des cloisons, ce qui multiplie les petites pièces à l'écart, bureaux, salons ou boudoirs de notre époque. « Il faut pouvoir se retirer dans une maison. Être seul, parfois. » Madame intervient. « En réalité, il est très rare que Gustav s'enferme quelque part. Il travaille où je suis, dans le salon, à côté de moi. » Le professeur Peichl rit. Il ne dément pas.

« C'est tout ce qui nous différencie, nous Autrichiens, des Allemands, dit-il. Ils pensent que l'architecture peut se mettre en équation. Qu'elle n'est que géométrie. Pour nous, Viennois, les proportions sont importantes, certes, mais il y a aussi tout le reste. L'irrationnel, la sensualité, le toucher, l'humour. » L'homme a l'art de résumer ainsi, en quelques traits, le *Genius loci* (génie du lieu), comme il dit. C'est même son autre métier : sa vie durant, à côté de son activité d'architecte, il a publié des caricatures sur l'actualité dans les journaux. Nom de code : Ironimus.

Un verre dessiné par Adolf Loos, des chaises Thonet : tout, ici, est dans l'esprit viennois.

On s'étonne, connaissant son esprit fantaisiste, que son intérieur soit tout en blanc et bois, alors qu'il affirme que l'usage de la couleur, en architecture, est fondamental. Une tour, qu'il vient d'achever à Vienne, est entièrement revêtue de bandes verticales bleues et blanches. Justement. « Les couleurs, dit-il, doivent être utilisées à bon escient. Les architectes qui les juxtaposent à tort et à travers essaient tout bonnement de faire les intéressants. Si j'ai habillé cette tour avec les braies d'Obélix, c'est

Les espaces communiquent entre eux. Les fauteuils sont de Hoffmann.

*L'entrée,
traitée comme
une ascension
vers la lumière.
Au terme
de l'initiation,
les miniatures
préférées
de l'artiste.*

Vitrine sur le salon.

à dessein, pour en faire un signal et rompre avec la grisaille de l'environnement. »

Tout de même, pourquoi passer tout son intérieur en blanc ? La réponse vient, mi-sérieuse mi-boutade, comme toujours avec lui. « Parce que je cherchais la douceur et le repos. La couleur, c'est à nous de la mettre à l'intérieur, par nos gestes, nos rires et nos vêtements. » Et ce bois clair ? « Du chêne. L'arbre préféré de l'empereur François-Joseph. » Soit.

C'est vrai qu'au-delà de l'architecture, tout, dans cette maison, vient de la vie. Pas un objet qui ne soit chargé de tendresse. Ici une vitrine Jugendstil héritée de la famille, là une chaise d'Otto Wagner, une lampe Hoffmann, un tapis paysan, de fabrication locale, jeté sur le parquet. Entre deux canapés en cuir dont il dit sans complexe qu'ils « n'ont aucune valeur particulière », il y a un grand fauteuil blanc, cubique. Hoffmann, de nouveau, mais avec une petite histoire en plus. Lors de la visite du pape à Vienne, en 1999, c'est Peichl qui a conçu la scène où est apparu le Saint-Père. « Il voulait s'asseoir sur un trône ordinaire. Ce n'était pas possible. À Vienne, on s'assoit sur un fauteuil Hoffmann. C'est celui-ci. »

Aux murs, tout s'affiche. Des dessins de Klimt ou de Schiele, mais aussi les gribouillages des enfants, ses propres caricatures, les œuvres des copains. Le tout soigneusement encadré. Hundertwasser, l'architecte, peintre et ami de Vienne, qui partage son goût de la dérision, a laissé un tableau voici une trentaine d'années. « Ça s'est passé ici, dans le salon. Nous étions avec un couple d'amis, aucun de nous n'avait assez d'argent pour acheter ce tableau qui nous plaisait beaucoup. Hundertwasser a pris des ciseaux, il l'a partagé en deux et il nous en a donné à chacun une moitié. » L'œuvre, grande tache de couleurs aux formes rondes, n'a plus bougé depuis.

« Le kitsch, c'est la vie. » Parmi les passions de Peichl, Napoléon, « à cause de son élégance... ».

Dans un angle, bien à l'abri derrière une vitrine joliment galbée, on découvre un étonnant bric-à-brac. Coupe-papier, chopes de bière, cure-dents, statuettes en ivoire, porte-clés publicitaires passent en revue la légende napoléonienne : des bicornes par dizaines. « Je suis fasciné par le personnage. Pas en tant qu'homme politique, encore qu'il soit fondamental dans l'histoire de l'Europe, mais en tant qu'homme, tout simplement. J'aime son habillement, sa stature, ses poses, son allure toute droite, son grand manteau. Je ne trouve d'équivalent aujourd'hui que dans le dalaï-lama. »

On ne peut s'empêcher de trouver ce déballage franchement kitsch et on le dit. Il applaudit. « Bien sûr que j'aime le kitsch. Le kitsch, c'est tout ce que vous accumulez dans une vie. Et puis, que serait la beauté d'une femme sans son grand chapeau kitsch ? » ■

Paolo **Portoghesi**

Dessin, nature : la dialectique de l'architecte.

1931
Naissance à Rome.
1970
Bibliothèque et centre culturel I Silone Avezzano.
1983
Président de la biennale de Venise.
1985
Galerie Appolodoro à Rome.
1987
Thermes de Montecatini.
1990
Mosquée de Rome.

CHAUSSURES ANGLAISES, CHAUSSETTES tyroliennes, velours de campagne : à une quarantaine de kilomètres de Rome, dans sa maison de campagne, Paolo Portoghesi joue à merveille les *gentlemen farmers*. On le savait romain, mondain, urbain. On lui connaissait, il y a quelques années, l'un des plus beaux appartements de la ville sacrée, avec terrasse et vue imprenable sur les toits et la place d'Espagne. Et quelques autres pied-à-terre, tout aussi luxueux, à Milan et surtout à Venise, sa cité d'adoption, où il fut président de la biennale d'architecture durant huit ans.

À la soixantaine bien sonnée, l'homme est un peu revenu de ces adresses mythiques. « Rome, c'est essentiel, mais il y a trop de folie, trop d'agitation. J'aspire à vivre ici, dans ce silence, au moins quatre ou cinq jours par semaine. » Actuellement, il organise sa vie quotidienne en conséquence. Outre cette maison, qu'il possède depuis plus de vingt ans, désormais promue résidence principale, il se construit, au milieu des champs d'oliviers, de pêchers et d'abricotiers, l'une des agences les plus étonnantes qui soit. Un grand château fort en pierres ocre, entouré de douves, dressé contre un horizon serein. On y accède par un mauvais chemin de terre, et il est probable que le paysage de collines, alentours, n'ait guère changé depuis Virgile.

À dix minutes en voiture, sa maison, elle, n'est là que depuis quelques siècles, dans le repli d'un hameau où les anciens sortent encore, le soir, pour s'asseoir sur un banc entre l'ombre et la lumière. Au-dessus d'un à-pic, dominant une vallée intacte et des plus

Dans l'intérieur de la maison, une lampe pour réchauffer un poussin orphelin. Paolo Portoghesi associe les animaux à son art de vivre.

romantiques, c'est une bâtisse de pierre volcanique grise, discrète. Elle est tout sauf monumentale, et pour cause : il s'agissait autrefois d'un ensemble de granges où les paysans conservaient leur blé et leur foin. Portoghesi n'a pas touché à ces murs solides et polis par l'usage. Il revendique ce minimalisme extérieur : « Nous avons, en Italie du moins, atteint un seuil critique. On a trop bâti, et trop mal. Si

Une petite cour parfaite pour contempler la vue sur le village de Calcata.

l'on peut s'abstenir de construire et d'imposer sa marque, c'est sans doute mieux. »

Se taire, faire profil bas, c'est aussi, ici, la reconnaissance d'un privilège. Celui de s'installer sur un sol travaillé par les hommes, pétri par l'histoire. Depuis le parapet de la terrasse qui domine la vallée, présentation du décor, grandiose, en guise de bienvenue : « Les marques de civilisation, les murs, la position des habitations qui parsèment ici et là le paysage sont probablement plus anciens que Rome. Les premières traces d'humanité dans cette région remontent en effet à l'époque des Étrusques. »

En contrebas, en équilibre sur un éperon rocheux, se tient un village hors du temps : Calcata. Comme tous les matins, Portoghesi le caresse d'un regard amoureux. « Son sauvetage est le fruit d'une désobéissance. Dans les années soixante, le gouvernement avait décidé

La maison, qui est constituée d'anciens greniers à blé, est perchée sur une falaise.

Double page suivante
Dans ce paysage, les traces d'humanité sont antérieures à la fondation de Rome.

qu'il fallait raser ce village : trop vétuste, trop coûteux à rénover. Les paysans ont été invités à s'installer dans les maisons du "Novo Calcata", un peu plus haut. Une horreur architecturale. Mais comme on est en Italie, la destruction, ensuite, a tardé. Des intellectuels et des artistes, vrais ou faux, sont venus s'installer en squatters. Ils ont fait des travaux. Aujourd'hui, je crois que Calcata est sauvé. » Il se tait, songeur. Paolo Portoghesi revient à ce qu'il aime : la contemplation nonchalante et solitaire de la nature. « Ce qu'il y a de très beau, dans ce village, c'est son rapport à la falaise. Les murs sont tous construits avec la roche de la falaise. C'est comme s'il y avait continuité entre la nature et le bâti. »

Le thème lui tient à cœur. Il l'a même développé dans un livre et une exposition en 1997, au Castel S. Angelo de Rome, *Arte e Natura*. Il y défend la thèse que l'architecture est en dialogue permanent avec la nature. L'inspiration est parfois consciente, quand l'architecte

Escalier en spirale, variation baroque. Un style que Portoghesi a étudié en érudit.

Chez Portoghesi, l'amour de la nature est peut-être un héritage de famille. Au-dessus du lit de l'artiste, un portrait de son père aux champs.

entreprend de styliser les formes qu'il observe autour de lui. « Il suffit de penser, par exemple, à l'escalier de l'Université de Rome, mémoire de la coquille d'un escargot. » Mais la relation est plus souvent de l'ordre de la réminiscence. « Elle dérive seulement de notre façon d'être au monde, d'habiter la terre. » On ne s'étonne donc pas que la visite de son domaine commence par le jardin, campé à flanc de colline, en face de la maison. Il sera essentiel pour comprendre la suite.

Un étrange jardin, en vérité. On n'en perçoit d'abord que le désordre, le laisser-aller joliment décadent. Buissons et nénuphars dans l'eau stagnante des bassins. Pêle-mêle de styles et de références. « J'aime beaucoup, dit-il, quand la mousse recouvre les pierres, lui donne vie. Malheureusement, sous le soleil, cela ne dure chez nous que quelques semaines. » Il y a là, en tout cas, tous les éléments nécessaires à une vie d'esthète et d'épicurien. Une piscine, des bancs sous les arbres, un coin de nature faussement sauvage et un carré à la française, un kiosque-pavillon, un petit amphithéâtre pour écouter de la musique, une table de pierre pour dîner les soirs d'été...

Ces éléments, Paolo Portoghesi les a chargés de ses recherches, de ses rêves et de ses souvenirs. « Telle est l'ambition fondamentale de mon architecture, dit-il : concilier le plaisir et la théorie. » Il montre donc les axes de composition, révèle quelques nombres symboliques. Trois oliviers, dix côtés pour le pavillon, huit pour la serre tropicale... Il aime les références, l'épaisseur de l'histoire. La villa d'Hadrien est son modèle. Parce que cet empereur romain avait voulu concilier, chez lui, la culture de l'Asie et celle de l'Europe. Il avait changé sa demeure en musée de ses souvenirs de voyage et des moments forts de sa vie. Portoghesi rêve à son tour d'abolir, l'espace d'une méditation, les frontières du temps, de rassembler la diversité des cultures, de retrouver l'unité d'un monde personnel. Il n'a pas été pour rien l'un des apôtres du postmodernisme, ce mouvement architectural qui osa, au début des

« Établir des correspondances entre l'individuel et le général : cette maison, c'est mon histoire, mais aussi un moment de l'architecture. »

années quatre-vingt, faire cohabiter les frontons antiques et les façades de verre les plus contemporaines.

Voici donc, derrière la table, de grands yeux de verre coloré qui fixent les dîneurs : référence, révèle-t-il, à l'énigmatique Jardin des monstres, construit non loin d'ici, à Bomarzo, par Orsini, un comte fortuné de la Renaissance. Ce dernier fit sculpter, à même la pierre qui affleurait, des géants, des nymphes, une tortue énorme et même un éléphant serrant dans sa trompe un centurion romain. Le kiosque-pavillon ? Observez-le bien. Il est entouré d'une sorte de canal. C'est l'île mythique, l'île du Pacifique plantée au milieu de l'océan. Un voyage qui a marqué ses premières années d'architecte. Les références arabisantes ? Elles rappellent que l'œuvre majeure de Portoghesi est la mosquée de Rome. Le gros olivier qui ferme l'une des perspectives ? Il a six cents ans, il était condamné, car planté dans le jardin d'un couvent sur lequel devait passer une route. Portoghesi a volé à son secours. Le sauvetage a réussi.

C'est aussi pour sauver un âne destiné à la boucherie que Portoghesi a entrepris, en 1983, la réalisation d'un zoo personnel à côté de son jardin. « Depuis, je n'ai cessé de me faire de plus en plus d'amis parmi les animaux. » L'endroit est pour le moins insolite, pensé comme un parc zoologique, avec des barrières en rondins de bois, des allées et trois personnes à temps plein pour s'occuper des bêtes. On y trouve des lamas, des chèvres, des chevaux, des autruches et des oiseaux par centaines. Un petit monde auquel son épouse consacre l'essentiel de son temps.

Paolo, lui, y vient tous les jours, en dandy faussement détaché. Il s'arrête immanquablement devant les chèvres romaines, auxquelles des cornes torsadées comme ces colonnes donnent une majesté mythique. « Borromini, dit-il, a dû les connaître. » Les grues couronnées, qui se déplacent, en vraies danseuses, comme si elles savaient tout ces lois de la symétrie. Les autruches perchées sur leurs longues jambes. Des animaux gothiques. Un monde de formes et de couleurs. Un réservoir d'archétypes pour l'architecte.

L'initiation terminée, les principes posés, le visiteur peut passer le seuil de la maison. Dans l'entrée sombre et dallée de pierres s'ouvre une fenêtre sur Calcata, le village des origines. La carte postale reviendra maintes fois, encadrée de dizaines de façons, « photographiée » de tous les points de vue. Comme si l'architecte avait voulu, en répétant la même scène comme un leitmotiv, aller au-delà du pittoresque.

L'histoire de la maison donne la clé de son fonctionnement actuel. « J'ai acquis toutes ces

Ci-dessus
Portoghesi est l'un des meilleurs spécialistes de Borromini, à qui il a consacré plusieurs ouvrages.

À gauche
Dans la salle à manger, les chaises, dessinées par l'artiste, ont des dossiers inspirés des nervures de feuilles.

granges petit à petit. Je me suis efforcé de conserver leur structure, de les faire communiquer sans effacer leur histoire. Chacune des pièces s'intègre ainsi dans un ensemble, tout en conservant son autonomie. Toujours mon obsession de trouver l'unité derrière le multiple. J'ai voulu qu'aucune d'entre elles ne soit spécialisée. On s'installe ici ou là, en fonction de ses humeurs ou des heures de la journée, comme on le faisait dans une villa antique. »

Dans la pratique, on reconnaît quand même une typologie traditionnelle : un salon, une salle à manger, une cuisine, une chambre et plusieurs petites pièces contiguës qui servent, toutes, de bibliothèque-séjour. Auteur de nombreux ouvrages sur la Renaissance italienne qui

Paolo Portoghesi aime les livres. Il a habillé sa bibliothèque d'une tapisserie dont les motifs sont tirés des cartons de William Morris.

À l'origine, l'architecte a recueilli un âne. Puis d'autres animaux sont arrivés. Aujourd'hui, Portoghesi possède son zoo personnel.

font autorité, l'homme aime en effet s'entourer de livres. Certains sont des pièces d'art, comme cette édition de Palladio de 1570. Il les montre volontiers. Il les adore.

Également designer, Paolo Portoghesi a dessiné la plupart des objets qui l'entourent. Des chaises aux dossiers hérissés comme des épis de blés, des vitrines blanches surmontées de frontons défiant les règles de composition antiques, des couverts et des théières édités chez Alessi... Mais, comme les méandres du jardin tout à l'heure, ce parcours intérieur s'avère indissociable de son histoire personnelle. Au fond du salon, il y a une grande porte vitrée entrouverte sur un paysage en trompe-l'œil. « Elle marquait autrefois l'entrée de la galerie d'art que mon épouse avait ouverte sur la place d'Espagne. Une époque de notre vie. » Sous verre, en face, un bric-à-brac d'objets : coquillages, morceaux de roches éclatées, éponges marines dont il compare la forme et la structure alvéolaire à celle des gratte-ciel : de nouveau, la nature est source d'architecture. Paolo Portoghesi exhibe une pierre : « Regardez bien : on y voit à la fois New York, San Gimignano et la baie de Naples. »

Il faut se laisser porter par l'homme, entrer dans le jeu d'un parcours théâtral, fantasmatique et revendiqué comme tel. En face d'une fenêtre, la toile d'un ami peintre. Un paysage glacé, privé de toute humanité. « Peut-être l'aurait-on vu de ces fenêtres à l'époque du quaternaire. » Dans l'une des bibliothèques, un bureau ancien. « Je l'aime parce qu'il est bordé d'un petit miroir. Lorsque l'on s'assoit devant pour écrire, on ne voit que ses mains. » Dans la salle à manger tout habillée de briques, une fontaine et une cheminée se font face. « Temple de l'eau et temple du feu réconciliés. »

Soudain, l'architecte annonce le dernier acte de la pièce : la descente aux Enfers. Un long souterrain s'enfonce sous la maison dans un clair-obscur savamment travaillé. Tout au bout, quelques fragiles lumières projettent sur la roche sculptée des reflets de mystère. Les travaux

« L'architecture naît de l'observation de la nature. Nous ne faisons que styliser ses modèles. »

Le ballet des grues cendrées serait-il une leçon d'espace pour un architecte ?

nécessaires pour inventer cette cave ont été considérables, mais le maître des lieux y tenait absolument. D'abord pour perpétuer la tradition locale. Il n'est pas un paysan de la région qui n'ait, autrefois, fait creuser des grottes dans la roche. Ensuite parce qu'une maison n'est rien, selon lui, si elle ne plonge pas ses racines dans la terre. Enfin parce qu'on a toujours fait du vin dans sa famille et qu'il entend bien, quant à lui, ne pas renoncer à ce plaisir. Et comment résister au plaisir, dès lors qu'il s'accorde à la théorie ? ■

Portoghesi est urbain, mondain. Mais il garde le contact avec la terre.

Charme italien, chic anglais.

Place publique

Richard **Rogers**

« J'avais prévu, pour mes enfants, un escalier indépendant. Ils ne s'en sont jamais servis. » En fait, le salon, au centre de la maison, est un passage obligé pour toute la famille.

Dîner, ce soir, chez les Rogers. Vingt personnes : des clients, des partenaires, des amis de l'agence. Depuis le matin, un cuisinier s'active. Il a pour œuvrer tout à son aise un très professionnel piano en acier inoxydable qui trône en bordure d'un salon blanc, espace si vaste que les silhouettes humaines y semblent toutes petites. Dans la cuisine, aussi fuselée qu'une carlingue d'avion, il y a place pour tout. Pour la coupe de fruits joliment arrangée, pour les épluchures qui disparaissent d'un simple geste de la main dans une ouverture aussitôt escamotée, pour les caisses de légumes qui arrivent chaque jour tout frais du marché et servent durant quelques heures de décor naturel soigneusement étudié.

Pour l'instant, c'est la famille qui défile. Embrassades, tenues décontractées et colorées, fenêtres grandes ouvertes sur le bel été de Londres. Cinq enfants en tout, dont certains sont eux-mêmes déjà parents, cela fait du monde et des visites. « J'avais prévu, pour eux, un escalier indépendant. Ils ne s'en sont jamais servis », constate l'architecte, qui, pragmatique, se rend volontiers à l'évidence de l'usage. Lesquels d'entre eux habitent encore ici ? Il feint de ne pas savoir exactement. « Trois ? Quatre ? Cela varie selon les époques », dit-il en souriant. Sa belle-mère occupe, elle, le rez-de-chaussée. Et toute la tribu passe ici le temps d'une tasse de café, si bien qu'il y a toujours du monde. « C'est notre place publique », dit Richard Rogers.

1933
Naissance à Florence.
1968
Zip-up House, Londres.
1971
Centre national d'art et de culture Georges-Pompidou, Paris (avec Renzo Piano).
1978
Siège de la Lloyds, Londres.
1990
Siège de Channel 4, Londres.
1992
Extension de l'aéroport de Marseille.
1993
Palais de justice de Bordeaux.

D'un côté, en effet, il y a son agence, édifice de brique rouge, surmonté d'une verrière qui évoque irrésistiblement Beaubourg. De l'autre un ensemble de logements. Entre les deux, parallèle à la rivière, le River Café, un restaurant chic et très à la mode où officie Ruth, sa femme. Celle-ci est l'un des chefs les plus renommés de Londres et la cuisine florentine n'a plus de secrets pour elle. À 13 heures, toujours en nombreuse compagnie, le maître descend donc de son agence pour déjeuner, en toute simplicité. Mieux qu'en voisin : en famille. Apéritif sur la place gazonnée et ornée de filiformes sculptures d'acier. Table en terrasse.

Du temps où il construisait le Centre Georges-Pompidou, Rogers habitait à Paris dans un appartement donnant sur ce qui fut

Une maison comme une place publique, conçue pour les retrouvailles familiales.

jadis une place royale : la place des Vosges. Aujourd'hui, il est installé à Chelsea, Royal Avenue, à deux pas de King's Road. Tant de majesté n'est sûrement pas fortuite. Mais le prince la vit à sa manière, décontractée et pleine d'humour. Un art de vivre souverain, certes, mais métissé. Il y a chez lui à la fois de l'Italie, où ses ancêtres ont vécu durant trois générations, et de l'Angleterre, puisqu'il a, quelles que soient les réserves qu'il émet volontiers au sujet de ses compatriotes, grandi dans ce pays.

En général, ni lui ni son épouse ne rentrent avant le soir. Tôt dans la matinée, il file en vélo jusqu'à son autre chez-lui. Vingt minutes à pédaler, sans craindre la circulation, pour se retrouver à l'ouest de Londres, dans un véritable petit morceau de ville, en bordure de la Tamise, qu'il a entièrement façonné à son image. Dans d'anciens entrepôts groupés autour d'une placette, il a en effet réalisé l'un de ses grands projets d'architecture : un microcosme de cité, où le mélange des fonctions et la mixité des usages se prouvent par l'exemple.

Richard Rogers n'a rien modifié à l'immeuble existant. Il s'est contenté d'abattre des cloisons et des planchers pour démultiplier l'espace. Il l'a ensuite animé de quelques objets colorés, fauteuils Le Corbusier ou chaises Arne Jacobsen.

C'est ce qui avait séduit le jury de Beaubourg, à l'époque : cette volonté de dépasser le simple objet architectural pour s'intéresser à tout un quartier. Cette manière de placer la réflexion sur la ville au cœur de son travail. C'est donc par là, tout naturellement, qu'il commence la visite de sa propre maison. Il faut se situer, en guise de préambule. D'un côté, les fenêtres de cet immeuble d'angle entièrement acquis par lui donnent sur Royale Avenue. « Cette voie perpendiculaire à King's Road est une tentative avortée d'urbanisme à la française. Ce devait être, à l'origine, une percée monumentale jusqu'à Kensington. Mais les lobbies ont été tels que l'on n'a pu en construire que ce petit bout. »

Par les ouvertures de l'autre façade, on devine en revanche une sorte de parc. Une

Préparation du déjeuner sur le piano professionnel, en marge du salon.

Tubes d'acier et câbles haubanés : l'esthétique high tech à ses origines.

« Nous voulions avant tout de la lumière et de l'espace. Mais je n'ai jamais envisagé de vivre ailleurs qu'en ville. »

étendue verte, plutôt insolite dans un quartier aussi urbain. « Là encore, la comparaison avec Paris est instructive. Il s'agit du Royal Hospital, qui a à peu près la même vocation que les Invalides à Paris et qui abrite les dépouilles des soldats ayant bien mérité de la patrie. Mais ce bâtiment, construit par Christopher Wren en 1840, a un air campagnard, très simple. C'est toute la différence entre les deux villes qui se donne à lire à partir de ces petits détails. »

Le décor ainsi planté, on passe à l'architecture proprement dite. De l'extérieur, à part l'étroite porte d'entrée en acier, relativement discrète, rien ne distingue cette austère maison de style géorgien de ses voisines de rue. Sur les trois niveaux, l'alignement des hautes fenêtres n'a été nullement modifié, et la façade garde l'air sévère, monumental, qui caractérise l'époque, aux alentours de 1840. L'architecte, tout célèbre qu'il soit, a dû se faire humble : la proximité de monuments historiques lui a interdit toute intervention spectaculaire. Il ne s'en plaint pas forcément : « Le géorgien, c'est le plus beau style anglais. Et puis j'aime bien la couleur particulière de ces maisons de ville. Les briques sont régulièrement repeintes en blanc. Un blanc brillant, très différent des blancs de la Méditerranée, parce qu'ici, il faut tirer parti du peu de lumière dont on dispose. »

L'art de composer l'espace par superposition de panneaux coulissants.

À l'intérieur, en revanche, tout a été modifié et redessiné à ses mesures. Il lui a fallu d'abord, pour loger toute sa tribu, réunir deux appartements distincts. Puis tout casser afin de n'en faire qu'un. « Ce type de logements étaient destinés au siècle dernier aux fils les plus pauvres des familles riches. Ils étaient donc aménagés dans un goût typiquement anglais, avec des petites pièces et un décor très chargé. » À peine arrivé, l'architecte est passé à l'attaque. En conquérant, il a libéré l'espace.

Salle de bains ou laboratoire ?

De la distribution originale des pièces, il ne reste rien. Pas même le point de départ, puisqu'on entre désormais par un espace plutôt biscornu, couvert d'une verrière. Autrefois, il s'agissait de la cour de l'immeuble. Quatre petites marches d'escalier, d'immenses panneaux de verre translucide en guise de portes, qui coulissent impeccablement, et l'on se retrouve dans le salon. Avec ses deux niveaux de hauteur et sa double rangée de fenêtres, il évoque un loft new-yorkais. Parquet au sol, murs blancs, angles droits. Le lieu se donne tel qu'il est, franc, sans subterfuge. Ce pourrait être une ancienne fabrique de Soho, à New York.

Connaissant Rogers, on note forcément cette intrusion, au cœur d'un édifice bourgeois, d'une esthétique postindustrielle. D'autant qu'elle n'est pas la seule. L'escalier qui grimpe aux étages est fait de tôles percées, comme une échelle de pompiers. Les rambardes sont constituées de tubes et de fils d'acier tendus. Les radiateurs sont des éléments de plomberie simplement chromés. Les plaques d'aération restent délibérément apparentes... Tous ces détails, devenus icônes de notre modernité, ont été installés ici bien avant que la mode des années quatre-vingt les ait banalisés.

On pense aux mots d'ordre de l'architecture high tech, à cette réhabilitation, forcément optimiste, de la technologie et de la production en série. « En entrant dans ce processus de transformation, déclarait encore Rogers à la BBC en 1995, la technologie peut être utilisée à des fins positives et faire progresser la justice sociale, l'un des grands idéaux de l'âge moderne. Sans doute peut-on affirmer que lorsque la technologie est utilisée selon des principes qui respectent les droits fondamentaux de l'homme – logement, nourriture, santé, éducation et liberté –, l'époque moderne donne tout son sens. » C'était déjà son discours à l'époque de Beaubourg. Il n'a pas varié près de trente ans plus tard.

Des grandes manœuvres de l'architecte chez lui, il a résulté tout un système de poutres métalliques, indispensables pour redonner de la tenue à l'ensemble. Pas plus qu'il ne dissimule les mâts et les haubans qui soutiennent parfois ses édifices, Rogers n'a cherché à les masquer. Au contraire, il les a soulignés, exaltés. L'acier a été peint en bleu dur. Ce bleu de Beaubourg, qui est aussi celui de la Lloyds, sur la Tamise, son autre chef-d'œuvre dont la conception remonte à peu près à la même époque. Il y a un côté gothique chez cet architecte-là : une manière joyeuse d'assumer les

multiples contraintes auxquelles sont soumis ses bâtiments, de les mettre en spectacle et d'en tirer ainsi forme et beauté.

Dans la plupart des projets de Rogers, les circulations sont aussi bien verticales qu'horizontales et les mouvements des gens sont toujours donnés en théâtre. En témoigne, par exemple, cette extension récente de l'aéroport de Marseille, où les voyageurs en partance peuvent voir défiler, en transparence, ceux qui arrivent

Au-dessus du lit de l'architecte, des poteries réalisées par sa mère.

Ci-contre
Design italien du canapé et toiles d'Andy Warhol.

Page de droite
De l'extérieur, un immeuble bourgeois, cossu, dans le pur style géorgien, dont Richard Rogers apprécie la blancheur immaculée, entretenue avec minutie.

À vélo, du bureau à la maison.

par le niveau supérieur. Ainsi en va-t-il également chez lui. À mi-hauteur du salon, une mezzanine permet d'observer en voyeur-vu la vie de la communauté. Elle donne aussi toute la mesure de l'espace, qui s'apprécie comme un volume bien plus que comme une surface plane. De toute évidence, le spectacle que l'on découvre alors en plongée a été pensé, en trois dimensions, comme une toile de maître contemporaine. Sur les verticales, Mao peint par Andy Warhol comme un puzzle. À l'horizontale, toutes les couleurs du design. Des chaises jaunes, roses et bleues signées Arne Jacobsen. Une table ronde, en verre, dessinée par l'ancien associé et désormais concurrent, Norman Foster. Voilà pour les repas. À côté, l'autre point de composition, tout aussi soigné : le canapé bleu nuit, large comme un lit, invitation à se vautrer sur les coussins jaunes. D'ici, les géraniums rose fuchsia qui pendent aux fenêtres paraissent presque artificiels, œuvres improbables de quelque artiste contemporain...

À l'étage, la chambre du couple. Dessus de lit à grosses rayures bleues, contre un pan de mur jaune laqué. Sur une étagère, une centaine de bols et de vases en argile, œuvres de sa mère, potière. Ailleurs, cette accumulation de terres cuites apparaîtrait kitsch ou ethnique. Chez lui, elle est disposée de telle sorte qu'elle ressemble à un paysage de ville. Toujours cet art de composer l'espace, la lumière et la couleur. Dans la chambre de l'un des enfants, à côté, on a épinglé, comme dans toute chambre d'adolescent, des posters. Mais là, ils sont groupés au-dessus du lit dans un ordre parfait. Ce sens de l'espace juste, visiblement, se transmet de génération en génération.

On finit le parcours sur la terrasse, au-dessus, et l'on retrouve Londres. « C'est bizarre, commente Rogers, mais les Londoniens n'utilisent pas du tout les toits comme espaces de vie. Les habitudes changent, mais jusqu'à une époque récente, je pense qu'ils n'aimaient pas du tout vivre à l'extérieur. » Pour l'occasion,

c'est le côté italien de l'architecte qui a repris le dessus. Bordures de romarin, lavande, aloès. Rien de tel que de déjeuner ici, avec la ville à ses pieds. La maison de Rogers, c'est décidément un air de Florence à Chelsea. ■

Capitaine du navire E96.

Fantaisie personnelle

Heinrich Stöter

1959
Naissance à Hambourg.
1985
Premier atelier d'architecture, à Majorque, aux Baléares.
1987
Design de meubles, chaises et luminaires.
1990
Transformation d'une école en centre de design, près de Hambourg.
1995
Immeuble d'habitations et de bureaux , Horneburg.
1998
Cinéma et centre de loisirs, Eidelstadt.

Page de gauche
La maison de Stöter telle que la découvrent les curieux qui viennent nombreux, chaque week-end, admirer cet objet insolite.

ILS SONT LÀ, COMME CHAQUE DIMANCHE. Venus par dizaines, malgré la neige, tout au long du week-end, pour photographier E96, la curiosité locale, la maison Stöter. Des jeunes, des étudiants, des touristes et aussi, de façon plus inattendue, des personnes âgées arrivées en groupe. « Elles disent que ces couleurs et ces formes leur rappellent leur enfance, explique Heinrich Stöter. Une forme de gaieté que l'on ne connaît que dans les premières années de sa vie, quand le jeu est votre seule loi. » Parmi les visiteurs anonymes, il y a aussi, régulièrement, l'architecte Meinardt von Gerkans, voisin de quelques numéros, valeur sûre de Hambourg et de toute l'Allemagne. Il gare de temps à autre, incognito, sa Jaguar sur le trottoir d'en face, histoire de montrer cette bizarrerie à ses amis de passage.

Bizarre, E96 (faux nom de code inspiré tout simplement de l'adresse : 96, Elbchaussee) l'est effectivement. Fier d'être aussi incongru, l'édifice se tient à peine en retrait du trottoir, derrière des pierres blanches hérissées comme un cheval de frise. « Là où sont les pierres, c'est le seul espace non construit de mon tout petit terrain. Que pouvais-je mettre d'autre ? Imaginez-vous de la pelouse au pied d'une maison comme celle-là ? » Assurément non. Ni forcément des pierres, d'ailleurs, tant l'ensemble s'affranchit d'une quelconque référence à des éléments connus ou naturels.

Il s'agit en effet d'un mélange hétéroclite de béton, de verre, d'acier, d'aluminium et d'inox. Un bâtiment-sculpture à découvrir sous tous ses angles et sous toutes ses coutures. Ici, c'est une poutre rouge qui perfore le mur pour indiquer

l'entrée, là, une avancée cubique qui ne correspond à rien, là encore un pan de mur rayé d'obliques rouges, qu'il ne faudrait surtout pas prendre pour une allusion à l'Amérique. L'architecte ne s'est rien refusé, rien imposé. Il a mis du bleu là où il en avait envie, de la dorure ailleurs, des cascades, des fontaines ou des logements pour écrans vidéo. Il a ébranlé verticales et horizontales, sans toutefois ériger ce basculement en principe absolu, comme peut le faire l'architecte américain Frank O. Gehry. L'ensemble a un air libertaire, qui évoque un retour psychédélique aux *seventies*. Une architecture sinon « mode », du moins enracinée, jusque dans ses allusions et son futurisme, dans notre époque. Et surtout, joyeuse.

À l'intérieur, on continue d'aller de surprise en surprise. Dans l'entrée, on foule une marelle peinte sur un sol de verre. Il y a le paradis, mais pas d'enfer. Question d'état d'esprit. Ignorant les espaces d'exposition et l'agence au sous-sol, un escalier file en spirale vers le troisième étage, privé. Là, tout s'ordonne sur deux niveaux en un chaos effervescent. Il y a des néons et du Plexiglas, un escalier en tôle qui bouge, une bibliothèque montée sur ressorts qui s'ébranle dès qu'on fait mine de mettre un doigt sur le savoir, des radiateurs réduits à de simples tuyaux, des fenêtres penchées et des canapés courbes, des plafonds jaune citron et des sols marquetés, lacérés de mosaïques. Encastrée dans une sorte de commode en aluminium, la cuisinière est mobile et un rideau de fer permet de fermer la cuisine, comme une épicerie, si l'on n'a pas envie de faire la vaisselle. Le soleil entre à flots dans toutes les pièces et l'ensemble a beau être fou, on s'y sent finalement bien. C'est sans doute la vraie réussite.

Dans la chambre comme dans toute la maison, les radiateurs sont des tubes d'acier posés en évidence. La « machine à chauffer » était l'un des concepts fondateurs du bâtiment.

Acier chromé et bois : l'art de cumuler les matières. La bibliothèque, conçue par l'architecte, est montée sur ressorts. « Dès que l'on touche un livre, c'est tout le savoir qui se met à vibrer. »

À gauche
À travers les hublots, vue sur l'un des squares de la très cossue Elbchaussee, qui est un peu l'avenue Foch de Hambourg.

Ci-contre
Éléments de cuisine mobiles sur roulettes. Et un rideau de fer que l'on tire les jours où l'on n'a pas envie de ranger tout de suite.

Ci-dessous
L'escalier métallique qui monte vers le salon.

« Après 40 ans, vous vous dites que se construire un petit monde à soi, un monde qui vous ressemble, ce n'est déjà pas si mal. »

Stöter n'est pas un architecte de la scène internationale. Peut-être parce qu'il est jeune : 45 ans, dans ce métier, c'est encore l'enfance de l'art. Mais aussi parce qu'il n'en a pas foncièrement envie. Il préfère travailler à son rythme, entouré de quatre ou cinq personnes à l'agence, sur des projets modestes, mais qui ont du sens pour lui. La rénovation d'une école, des petits immeubles, des maisons individuelles pour des clients qui lui font confiance... Construire sa propre maison, ce fut pour lui, qui habitait auparavant un appartement classique sur un canal de Hambourg, la découverte d'un espace de liberté absolue. La possibilité de s'exprimer, sans contraintes. « Entre 30 et 40 ans, dit-il, vous avez l'ambition de changer le monde. Après 40 ans, vous vous dites que se construire un petit monde à soi, un monde qui vous ressemble, ce n'est déjà pas si mal. »

Pour donner corps à ce rêve, il fallut du travail, de l'acharnement et de la chance. Chance en effet que de trouver un terrain libre sur cette Elbchaussee qui est comme l'avenue Foch de Hambourg. La famille de Heinrich Heine, qui était dans les affaires, y vécut, ainsi que tous les grands armateurs de la ville qui vinrent au siècle dernier se mettre au vert sur cette corniche. Une façon de joindre l'utile à l'agréable puisque, de ces hauteurs, on pouvait toujours avoir un œil sur le va-et-vient des navires, à l'horizon. Son terrain, occupé par un parking, faisait moins de 400 mètres carrés. Plutôt difficile à utiliser, car situé en angle. « Il n'intéressait personne, parce que, pour construire, il fallait prendre un architecte, ce qui ne plaît guère à mes compatriotes, plaisante Stöter. Le gouvernement a accepté de me le vendre à un prix abordable, à condition que je l'utilise pour moi-même. »

Les ennuis ont commencé ensuite, au dépôt du permis de construire. Dans cette ville marchande, plusieurs fois détruite, en grande partie reconstruite – et de façon très rationnelle – après-guerre, la tradition architecturale est plutôt à l'efficacité, à la sobriété et à la discrétion. « Hambourg est depuis longtemps une ville libre, commente Stöter. Aucun roi ne lui a jamais imposé le moindre coup d'éclat architectural. Les gens sont par conséquent très timides. » Il faudra ainsi deux ans pour que le projet de Stöter soit accepté.

Marion, l'épouse de l'architecte, a son mot à dire. Elle organise des expositions et des séminaires dans E96.

« Ce temps m'a servi, reconnaît-il aujourd'hui. Il m'a obligé à mûrir, à retravailler, et chaque fois je suis revenu à l'attaque avec un concept plus radical. En fait, si les gens ont d'abord été choqués, c'est qu'ils ne connaissaient pas bien l'Elbchaussee. Si l'on reste dans sa voiture, on ne voit qu'une succession charmante et rétro d'hôtels particuliers. Mais en réalité, cette avenue est très hétéroclite. Il y a des hôtels XIXᵉ, des immeubles années vingt et trente, des horreurs des années soixante. Mais le temps a assimilé et patiné l'ensemble. Dans cinquante ans, je n'apparaîtrai plus du tout comme une erreur dans le décor. » On veut bien le croire.

Restait à assurer l'économie du projet. Première trouvaille : faire cohabiter, bien sûr, l'agence et l'appartement privé, mais aussi prévoir deux étages, gérés par Marion, sa femme, qui seront destinés à des activités publiques. Celle-ci pensa d'abord à une galerie d'art, essaya, puis dut se rabattre sur des espaces de réunion, plus directement rentables. Deuxième idée : convaincre dès la conception plusieurs fabricants de s'associer au projet. Une maquette fut réalisée et expédiée. Ils furent une trentaine – fabricants de céramiques ou de fenêtres – à pressentir le *show room* improvisé et à consentir alors des prix sur leurs matériaux.

Très vite, la presse allemande, y compris le très généraliste magazine *Stern*, s'est intéressée au phénomène. Pour elle, Stöter a insisté sur l'aspect à la fois technologique et écologique de sa maison. Le grand parapluie déployé sur le toit ? C'est pour récupérer les eaux de pluie. Les tubes en façade, disposés comme les ailes d'un moulin ? Pour chauffer l'eau au soleil. Les panneaux solaires en terrasse ? Pour fabriquer son propre courant et lutter ainsi contre le nucléaire à la française. À vrai dire, il est revenu de ce discours-là. « Au final, l'eau et l'électricité produites ici nous coûtent plus cher, à nous comme à la collectivité. Et il n'est même pas certain que le bilan sur l'environnement soit globalement favorable. Le parapluie sur le toit, disons qu'il est là parce que je le trouve beau. »

À cet OVNI débarqué d'on ne sait où, on cherche à coller des étiquettes. Post-modernisme ? Déconstructivisme ? Pop art ? L'architecte sourit. Ne se réclame, lui, d'aucune école. On cherche alors des explications du côté de sa vie. Grandir ici, dans ce port où l'on n'est jamais loin d'une grue ou d'un hauban, doit forcément former un regard. Son épouse confirme qu'il éprouve, pour l'univers de ferraille et de voyage qui caractérise ce grand port du nord, une vraie fascination. Au point qu'ils partent tous les deux chaque week-end pour des randonnées de 70 kilomètres à vélo sur les quais, entre les entrepôts. Ils aiment les lieux abandonnés, les friches et les rafiots qui rouillent. Leur jeu préféré, c'est de se faire inviter à bord par les capitaines des cargos russes ou roumains... De là à voir quelques réminiscences portuaires dans les tôles d'E96, dans le jeu des courbes tendues et des angles aigus, dans les fenêtres rondes comme des hublots, dans la chambre ouverte sur l'extérieur comme la passerelle d'un long-courrier, il n'y a qu'un pas, que Stöter laisse franchir avec bonhomie, sans confirmer ni infirmer.

Artiste naïf ? Justement pas. Il déteste être assimilé au « Facteur Cheval » ou même au Viennois Hundertwasser. Il est avant tout architecte, c'est-à-dire maître de ses effets. « Cette maison n'a pas été réalisée au coup par coup. Rien n'a été laissé au hasard ou à l'improvisation sur le chantier. Elle a été préalablement dessinée en fonction d'un emplacement et d'un contexte précis. Le moindre centimètre carré, je l'ai pensé. » À tout prendre, il résumerait plutôt son œuvre comme un voyage personnel entre poésie, baroque et high tech.

La poésie, c'est celle de l'enfance. « Demandez à un enfant de dessiner une maison. Il vous fera un toit vert, des murs penchés,

des ouvertures de toutes les formes. C'est l'éducation qui vous contraint à perdre la richesse de ce regard. J'essaie de la retrouver au fil de mes projets. » Le baroque, c'est la revendication d'une certaine exubérance, à l'opposé de tous ceux qui voudraient réduire l'habitat à la rigidité d'un seul concept ou à une théorie construite. « En revanche, ce n'est pas la société dont est née cette esthétique qui m'intéresse. L'architecture baroque est répressive et a servi d'instrument de propagande contre la Réforme, ce qui ne me plaît guère. » Le high tech, enfin, c'est le maximum de technologie au service du rêve ancestral, le plus élémentaire, de l'homme : avoir sa grotte à soi. « Car on n'a pas changé depuis les premiers hommes. Notre ambition fondamentale, irréductible, c'est d'avoir une grotte bien chaude pour y installer confortablement femme et enfants. »

Récemment, la maison Stöter a gagné une place en couverture de plusieurs guides touristiques sur Hambourg. On dit même qu'elle est en train de détrôner, au palmarès des clichés hanséatiques, la Chilehaus, ce qui est tout un symbole. Construite dans les années vingt, la Chilehaus incarne en effet l'expressionnisme vu par la bourgeoisie marchande de la ville. Rien ne dépasse, dans ce gigantesque bâtiment de briques brunes, qui abrite des centaines de bureaux en retrait du port. Tout, dans ce complexe, n'est qu'uniformité, symétrie, angles droits et fenêtres blanches répétées à l'infini, comme un quadrillage. À son échelle, E96 en est l'exacte antithèse. ■

Vue sur les immeubles voisins depuis la terrasse. « En été, pas une semaine sans que l'on organise des barbecues géants avec nos amis. »

Un monde en blanc et noir.

Apologie du vide

Bernard Tschumi

1944
Naissance à Lausanne.
1983
Parc de la Villette, Paris.
1988
Doyen de l'école supérieur d'architecture et d'urbanisme de l'université de Columbia.
1997
Studio national des arts contemporains, Tourcoing.
1999
Centre d'activité des étudiants de Columbia.
1999
École d'architecture de Marne-la-Vallée.

À NEW YORK, C'EST UN LOFT. À Paris, un appartement de famille, bourgeois. Entre les deux, le vide, huit heures d'avion, les aéroports et les taxis deux ou trois fois par mois. Hasard ? Le dernier recueil de textes de Bernard Tschumi s'intitule *Architecture et disjonction*, et il y fait l'éloge de la désunion des formes et de l'espace. C'est là, dans cette indécision, que réside selon lui la force corrosive de l'architecture.

L'homme, lui, aime cette vie ni d'ici ni de là, ce mouvement pendulaire entre deux métropoles aussi complémentaires, pour lui, que le rouge des Folies et le vert des pelouses du parc de la Villette à Paris, l'œuvre qui l'a consacré. Pour l'état civil, il a la double nationalité. Français et Suisse. À cette ambiguïté originelle, héritée, il a superposé la sienne, celle qu'il s'est construite. « J'aime l'hétérogénéité des choses, dit-il. Je ne veux être prisonnier d'aucune logique. »

Cela confère évidemment des libertés. Par exemple, celle de jouer à fond, quand il est à New York, le jeu de New York. Au milieu des années soixante-dix, quand il s'est installé à Manhattan après avoir vécu à Londres, il était de bon ton, pour peu que l'on fût artiste ou intellectuel – bâtisseur, mais également doyen de l'école d'architecture de Columbia, il est les deux –, de prendre ses quartiers dans un entrepôt abandonné de Soho, si possible avec charpente en acier. Ainsi fit-il. « De toute façon, commente-t-il, il était hors de question que j'épouse le mode de vie américain qui consiste à vivre en banlieue dans des maisons individuelles. Je suis né dans un appartement, j'ai toujours monté des escaliers ou pris des ascenseurs pour aller chez moi. Je me sens totalement étranger à la maison posée de plain-pied dans un jardin. »

Aujourd'hui, Soho s'est embourgeoisé et les terres à conquérir sont plus au nord, du

Page de gauche
Dans sa chambre, le fils de Bernard Tschumi a passé son dimanche à construire une maquette. Comme papa ?

Objectif de l'architecte : exalter la profondeur de l'espace.

côté de Chelsea. Galeries d'art et restaurants investissent peu à peu ce quartier en pleine rénovation. Bernard Tschumi y est déjà, depuis 1996. Il a trouvé, de nouveau, un local industriel, une ancienne imprimerie, qu'il a transformée en un grand espace blanc et noir, vide ou presque. Une idée de loft, un archétype. On y accède directement par un ascenseur vaste et poussif comme un monte-charge. L'espace s'appréhende du premier regard dans sa longueur. Tout au bout, en point de mire, il a installé les rayonnages d'une bibliothèque et, de part et d'autre, des portes en verre translucide.

Au-delà commence un autre petit monde, avec de « vraies » pièces, du désordre, et même une petite cuisine. Le monde des enfants est plus traditionnel. Ils ne s'en réjouissent pas forcément. « Le plus curieux, c'est qu'en général, ils viennent faire leurs devoirs ici. La chambre, l'espace à part, c'est surtout la punition pour le plus petit. »

Ce mode de vie, très fortement communautaire, est le sien et cela, bien sûr, ne se discute pas. Mais au-delà, l'architecte pressent des correspondances, des échos, entre son logis personnel et ses recherches d'architecte. Ne serait-ce que parce que son agence new-yorkaise est installée deux étages au-dessous, dans un espace similaire, également dépouillé et décloisonné.

Il y a d'abord cette idée de la table sinon rase, du moins vide. Du tout à inventer, qui est selon lui un vrai bonheur d'architecte. Dans chacun de ses projets, Bernard Tschumi revendique sa liberté de créateur. « En Amérique, il faut sans cesse lutter pour faire passer cette conception. Les critiques en art ou en architecture veulent que tout, dans le moindre détail, veuille dire quelque chose. » Lui, au contraire, défend le gratuit, le strictement personnel. Les références doivent rester secrètes, dans la pénombre de l'atelier. Pas de symbolisme, pas de métaphores et encore moins d'allusions historiques, trop directives. L'architecte propose ce qu'il croit devoir proposer. Son client, lui, interprète.

Ainsi en est-il de sa propre demeure. De l'espace originel, un grand rectangle de 14 mètres sur 40, encore vierge de toute rénovation, il n'a gardé que le contenant, la boîte vide. « À partir de là, explique-t-il, tout était possible. Même un appartement haussmannien traditionnel. Mes voisins du dessous ont d'ailleurs aménagé un espace semblable de façon conventionnelle. Dans cet espace où tout pouvait être imaginé, j'ai donc pu définir le concept qui m'intéressait et le construire, sans avoir à accepter de compromis. »

Ce concept, en l'occurrence, consistait à accentuer l'aspect longitudinal de l'ensemble en affinant encore le rectangle dans le sens de la longueur. À gauche, de grandes fenêtres encadrent un horizon de toits et de gratte-ciel. À droite, chambres et bureau, salle de bains et cuisine s'alignent comme des loges de comédiens, qui n'auront d'autre choix, lorsqu'ils pénétreront dans la pièce commune, que d'assurer leur propre représentation.

« Je crée les conditions du design. Je ne conditionne pas le design. »

Le premier loft, celui de Soho, était dénué de toute concession. Il ne tolérait aucune séparation et le lit trônait au milieu. Celui-ci, en revanche, ménage quelques espaces privés, dérobés. Le dessein d'exhiber la vie quotidienne reste cependant présent et, semble-t-il, assumé par l'ensemble de la famille. « Si j'ai séparé ces espaces, ce n'est pas pour cacher la vie, mais plutôt pour libérer du vide au milieu. » Restait à faire accepter tous ces principes à ceux qui allaient les

L'espace central, vide, est voué à la représentation. Sur le côté, les chambres, ou encore les « loges ».

Objets d'enfants en liberté surveillée.

partager. « Lorsque l'on construit sa propre maison, continue-t-il, on se croit d'abord soulagé parce qu'on n'a pas à intégrer les contraintes d'un promoteur. Néanmoins, il faut quand même négocier pied à pied avec les autres occupants de l'espace. » En l'occurrence : Kate, son épouse, critique d'art, son fils de 9 ans, sa fille de 13 et, de surcroît, ses propres collaborateurs. Dans un premier temps, en effet, l'agence était installée ici, derrière les portes vitrées, dans ce qui est aujourd'hui le territoire des enfants. « J'aimais bien cette cohabitation. Longtemps, on s'est quand même demandé qui, du travail ou de l'habitat, allait finir par emporter la partie. Les frontières étaient floues. Ma fille racontait à ses copines qu'il y avait toujours des architectes qui dormaient chez elle. Le hasard a voulu qu'un espace s'est libéré en dessous. C'est donc l'habitat qui a finalement gagné. »

Réduire les meubles au strict nécessaire, pour laisser s'exprimer pleinement la vie.

Miser sur l'incertitude. Créer, comme il l'écrit, les « conditions du design, et non pas conditionner le design ». C'est toute sa philosophie. Dans le parc de la Villette, l'architecte se réjouit aujourd'hui d'observer, presque en entomologiste, les modes de vie qui résultent de son travail et qu'il n'avait pas forcément prévus. Les joueurs de pétanque, les fans de football, les percussionnistes, les familles et les joggers qui se côtoient, mais qui ont chacun trouvé leurs marques, leurs territoires. Il n'en demandait pas plus. « Actuellement, ajoute-t-il, je termine un bâtiment sur le campus de Columbia. Ou plus exactement deux bâtiments aux fonctions précises, bien cadrées, mais reliés entre eux par un système de rampes de verre. Tout va, je l'espère, se passer dans cet entre-deux, cet espace non défini, où les étudiants ont leur boîte aux lettres, et où ils pourront rester à discuter. »

Il en va de même à l'intérieur de sa propre maison. « Le point commun entre ce simple loft et mes autres projets est là : dans cette volonté de ménager de grands espaces interstitiels qui seront ce que les habitants de l'espace en feront. » On comprend mieux, ainsi, cette esthétique très minimaliste. Les meubles ? Ils sont peu nombreux pour ne pas encombrer le vide revendiqué. Ils sont surtout disparates. Choisir un seul style, fût-il contemporain, ce serait déjà canaliser l'imaginaire et typer les références. Les murs ? D'un blanc sans appel. « Je préfère sortir volontairement un tableau ou un dessin pour le regarder, plutôt que d'avoir à le subir toute la journée. Je n'aime pas les arrière-plans. » Les objets ? Ce ne sont que des scories de la vie. « Ceux que vous voyez là, sur les étagères, sont des survivants. Je n'ai pas d'objets fétiches. À Paris, où j'occupe l'appartement de mon père, j'ai scandalisé ma famille en cédant tous les objets de famille à un antiquaire. »

Même l'économie des couleurs se plie à ce parti sévère. Que ce soit à la Villette ou au Fresnoy, le grand centre culturel qu'il termine à Rouen, l'architecte ne rechigne pas, pourtant, à utiliser toutes les ressources d'une palette aussi naïve et éclatante que variée. Mais justement. « Pour moi, l'emploi de la couleur est pédagogique. Elle sert à souligner un détail, une articulation, un point d'intensité. Ici, elle m'a semblé inutile. Ce sont les gens qui donnent la vie et qui apportent les couleurs. Des livres, un bouquet de fleurs, un vêtement... J'adore quand mon fils jette sur cette table de conférence toute noire son anorak vert pomme. Je ne veux pas être, conclut-il, de ces architectes qui font des bâtiments tellement beaux que ce n'est pas la peine d'y mettre des gens. » ■

*« J'ai scandalisé
ma famille
en cédant tous
les meubles
de mes parents
à un antiquaire.*

Utopie construite

Oswald Matthias **Ungers**

Retour de bureau.

1926
Naissance à Kaisersesch/Eifel.
1957
Ensemble d'habitations sur la rue Mauenheimer, Cologne.
1978
Musée de l'Architecture, Francfort.
1983
Gratte-ciel, Francfort.
1987
Ambassade d'Allemagne, Washington.
1995
Centre d'exposition, Hambourg.

Dans la bibliothèque cubique, sous les bustes imperturbables de Danton et Robespierre, le maître à sa table termine un plan, immobile. Statue parmi les statues, allégorie de lui-même. Il n'y a pas de distance, ou si peu, entre l'homme et l'œuvre. Pas d'ostentation ni de menus plaisirs affichés, juste un souci de rigueur poussé à l'extrême. « Avec mes maisons, dit-il en guise d'introduction, vous entrez de plain-pied au cœur de mon œuvre, dans ce que j'ai de plus cher. Car si j'occupe aujourd'hui trois lieux d'habitation différents, ce n'est sûrement pas par mentalité de collectionneur ni par plaisir. À vrai dire, j'aurais déjà assez de mal à habiter une seule de ces maisons. Mais il se trouve que j'utilise chacune de mes maisons comme un laboratoire. J'en ai besoin. Ce sont des théories construites. »

C'est donc ici, à la bordure de Cologne, dans une rue résidentielle à laquelle un parc, tout près, donne un air de perpétuel dimanche à la campagne, que le plus célèbre des architectes allemands d'après-guerre a passé sa vie et élaboré toute son œuvre. Deux maisons qui se font quasiment face. L'une qui date des débuts, il y a plus de quarante ans, l'autre toute récente, puisqu'elle fut terminée en 1996. La troisième est pour les vacances et les week-ends, dans la campagne de Trèves, là où il est né.

C'est à la fin des années cinquante que l'architecte construit pour la première fois pour lui-même. Le Cologne d'après-guerre vient à peine de se relever de ses cendres. Il a, quant à lui, travaillé avec un grand patron, Egon Eiermann, et signé personnellement une vingtaine de projets, principalement des logements

Page de gauche
Déclinaison du carré à tous les niveaux, jusqu'au sous-sol où se trouve la piscine.

Buste d'Euclide.

sociaux et des maisons individuelles. « À dire vrai, je n'ai jamais construit que pour moi-même », confesse-t-il. À l'époque en tout cas, Oswald Mathias Ungers commence déjà à se forger une réputation. Utilisant des matériaux opaques tels que béton ou brique, privilégiant le jeu pur des volumes sans la moindre décoration, il est rangé dans cette école qui se répand alors un peu partout en Europe, le « néo-brutalisme ». Son nouveau lieu d'habitation sera considéré comme son manifeste le plus radical.

La première maison de Ungers, œuvre de jeunesse dont il ne renie rien.

Côté rue, c'est un pied-de-nez à la maison traditionnelle. Il l'a voulu ainsi, pour montrer que le contexte, ici bourgeois et conformiste, n'imposait rien, qu'il suffisait de travailler et de croire, par-delà les contraintes du site, au pouvoir de l'architecture. La façade se réduit à une combinaison de cubes empilés et emboîtés, expressions directes de la multiplicité des espaces intérieurs. Pas de fenêtres, mais une rythmique de pleins et de vides. Des briques laissées apparentes et du béton brut pour tenir, malgré tout, l'unité de l'ensemble.

À l'intérieur, derrière la lourde porte métallique, on pénètre dans un petit monde comme il les aime. Chez lui, on ne parle pas de couloirs ni de galerie vitrée, mais de rue intérieure. C'est à dessein qu'il choisit cette terminologie urbaine. Une maison, c'est en effet pour lui une ville dans la ville, un microcosme où le travail est inséparable de la vie. « Ce fut longtemps ici, comme dans une épicerie traditionnelle. Je travaillais au rez-de-chaussée, ma femme était à côté et elle comptait l'argent, on habitait au-dessus, le chien et le chat se partageaient tout l'espace, ainsi que les enfants. » Entre cette maison et le bureau de Berlin, il fallut aussi compter, à la grande époque, avec une soixantaine de collaborateurs et des clients qui passent. Toute une foule à faire cohabiter.

En 1989, il a ajouté le long de la « rue » un cube de pierre volcanique de 6 mètres de côté, sans fenêtre, entouré de murs. Cette forteresse, à laquelle la logique géométrique a octroyé deux niveaux, est la bibliothèque. Carré noir sur fond blanc : la référence aux classiques de l'abstraction est explicite, revendiquée. Mais on est loin, encore, du dépouillement absolu. Devant les étagères de livres, il y a des maquettes du Parthénon et du Panthéon (en dernier ressort, ses deux uniques modèles), le moulage d'une Victoire de Samothrace, des tableaux qui représentent une Antiquité sereine...

On s'étonne de cet attirail néoclassique, ce déballage muséographique, qui pourrait sembler encombrant s'il n'était tiré au cordeau. Il explique. « Rien, dans cette pièce, n'est gratuit. Contrairement à ce que vous pourriez penser, ma démarche n'est pas historique. Ce que je recherche, par-delà l'anecdote du moment, ce sont des archétypes. J'admire le travail extraordinaire du géomètre qui change, au prix de mille efforts, le simple chapeau pointu d'un paysan en fronton du Parthénon. J'ai tenté de donner à voir, ici, cette quête

« Je récuse toute forme de décoration. Ce que je recherche, en travaillant sur de pures harmonies géométriques, ce sont des archétypes. »

essentielle de l'unité. Vous avez par exemple, dans la cour, de vraies colonnes, puis à l'intérieur une colonne faite avec les tubes de néon, en face son reflet dans le miroir, etc. »

Toute sa démarche est là : retrouver une permanence derrière la diversité, appréhender la multiplicité du réel, le réduire à une harmonie simple et fondamentale et admettre, pourtant, que rien n'est gagné puisqu'il ne s'agit que d'un idéal. Il cite un autre exemple, qui donne du sens à l'espace qui l'entoure. « Derrière l'ossature de la bibliothèque, la forme pure du cube qui est son squelette, il y a les couches de livres. Pas n'importe quels livres, puisque sont stockées ici toutes les grandes idées de l'architecture contemporaine occidentale. Puis la pierre noire, puis les briques de la galerie qui entoure le cube, puis les murs extérieurs, les maisons voisines, les rues, la ville… Vous entrevoyez d'ici la dissolution de la forme dans les diverses couches du réel ou au contraire, selon le point de vue que vous adoptez, la condensation de la réalité en une forme idéale. »

Et les bustes alignés des révolutionnaires ? Un hommage au siècle des lumières, à ces hommes qui eurent le culte de la raison et qui tentèrent de le faire partager. Et ces moulages de plans de ville, au-dessus des portes ? Des références fondamentales qui peuvent se résumer ainsi : des plans romains, ordonnés, et des villes médiévales, spontanées. Toute la dialectique du réel.

L'architecture comme composition géométrique. Les portes sont identiques aux fenêtres, la symétrie est parfaite. Rien ne vient troubler la blancheur de la façade.

« Lorsque j'ai conçu ma première maison, continue-t-il, j'étais encore un jeune architecte. J'ai mis tout ce que je savais, j'ai voulu tout prouver. C'est finalement plein de débordements. Ma nouvelle maison est à l'opposé. Il s'agissait de supprimer l'émotion, le vocabulaire, l'allusion historique et l'anecdote afin de parvenir à l'essentiel. C'est une maison sans qualités, dans le sens où Robert Musil a écrit *L'Homme sans qualités*. Une idée entièrement abstraite, délibérément froide. » Entre les deux maisons, il y a eu des dizaines de projets, des centaines de logements, l'ambassade d'Allemagne à Washington, des musées, des instituts, une tour à Francfort, tout ce qui a fait de lui l'architecte officiel de l'Allemagne. Ses édifices se sont faits de plus en plus blancs, de plus en plus dépouillés. Au final, une salle d'exposition, le Kunsthalle de Hambourg, imaginée ces dernières années, se réduit à un cube immaculé dont rien ne vient plus troubler la structure rigide. À l'image de sa nouvelle maison.

« Le plan, explique-t-il, en est on ne peut plus classique. Une nef centrale flanquée de deux ailes. Ce schéma a été utilisé mille fois, à la Renaissance par Palladio comme au milieu de ce siècle par Mies van der Rohe. » Ungers, lui, s'est plutôt inspiré du Viennois Hoffmann et du pavillon de Charlottenburg de Schinkel. Il ne s'en cache pas, bien au contraire. « On n'invente rien en architecture, dit-il. On redécouvre. J'ai repris le plan de Schinkel et je l'ai débarrassé peu à peu de tout élément décoratif. »

Pour être admis à pénétrer dans ce pur monde d'idées, il faut encore passer une épreuve. Parcourir, avant de visiter l'intérieur de la maison, une allée, surmontée d'une pergola, qui ne mène nulle part. Juste pour montrer si l'on est capable de déchiffrer, sous les trois statues de bronze qui forment un axe gratuit, les trois anagrammes qui donnent la clé de la pensée d'Ungers : Socrate, Euclide et Piranèse.

La maison, enfin. Entourée comme l'autre demeure par une enceinte, mais végétale cette fois, elle est blanche, d'une blancheur impossible, qui n'évoque rien de naturel. Pas de socle, pas la moindre corniche, pas le moindre trait de décoration, pas de toit apparent. Rien ne différencie les deux niveaux, pas même une porte d'entrée. Au premier comme au deuxième

Ci-contre
Tous les soirs, après la journée de travail, le couple Ungers s'octroie un verre de vin de Bordeaux. Du meilleur.

Les fines lignes au mur donnent la clé de la composition. Elles définissent les modules de base de la géométrie.

L'échelle de Pythagore est inscrite au mur. Comme une référence ultime.

étage, il y a quatre ouvertures, et voilà tout. « Rien ne bouge, dit-il, rien n'est caché, obscurci ou voilé. Il n'y a rien à expliquer ni à interpréter. Les choses sont comme elles sont et elles ne veulent rien d'autre qu'être ce qu'elles sont », résume Ungers.

À l'intérieur, à part la nef centrale, grand vide ouvert sur deux niveaux, toutes les pièces sont identiques. Elles sont différenciées seulement par leur fonction. Jusqu'au sous-sol, où est installée la piscine, les murs sont entièrement enduits d'un mélange uniforme et monochrome de stuc et de chaux blanc cassé. Les meubles, dessinés par Ungers, sont noirs. À gauche de la nef, qui sert de nouveau de bibliothèque, il y a la cuisine. À droite, le salon. Au-dessus du salon, la chambre de madame. Au-dessus de la cuisine,

« J'ai une existence extrêmement ritualisée entre ma maison-bureau et ma maison. Je voyage peu. »

celle de monsieur. Face à son lit, de nouveau une maquette du Parthénon, histoire de cadrer ses rêves avant de s'endormir.

On découvre, délicatement gravés dans le stuc des murs, les repères du maître. Dans le salon, l'échelle de Pythagore. Au-dessus, la géométrie du nombre d'or. Dans la cuisine, le long de la grande table, une verticale et une horizontale, tracées en rouge. Alberti a dit que leur intersection résumait l'architecture. Ungers acquiesce. L'idéal, son idéal, est là, dans une combinaison géométrique à laquelle,

Le lit de l'architecte.

du sol au plafond, rien n'échappe, ni le pied de la table ni le bouton de porte.

Les seules exceptions, les seuls objets admis sont quelques antiquités grecques, authentiques, et des livres. Mais pas n'importe lesquels : ce sont tous des pièces rares de la Renaissance, des recueils de plans de Piranèse, une édition originale de Ledoux, dont Ungers souligne qu'elle est unique en Allemagne. Les architectes français dits révolutionnaires sont sa dernière passion.

Il débouche une bouteille de vin. Ne boit que du bordeaux. D'ordinaire, c'est le cérémonial qu'il réserve à son épouse, à la fin de leur journée de travail. Le couple quitte alors l'ancienne maison, où tout est resté en place, où elle a gardé son petit bureau, où elle écrit. Habite-t-il

Au pied du lit, la maquette du Parthénon. « C'est ma télévision. J'ai besoin de la contempler chaque soir avant de m'endormir. »

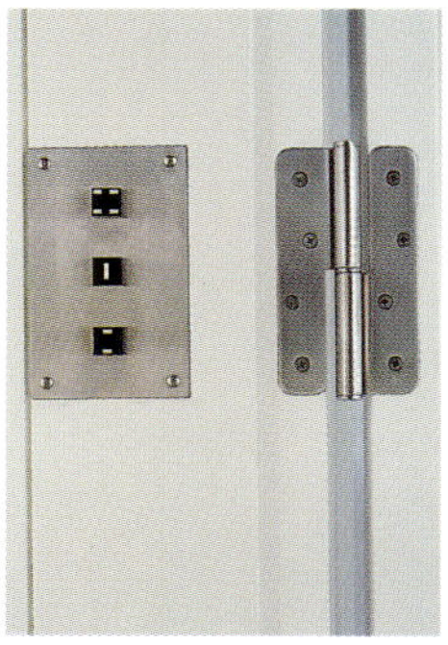

Ci-contre
Dans la bibliothèque, des éditions originales d'artistes de la Renaissance et de Claude-Nicolas Ledoux.

La bibliothèque moderne, un cube de 6 mètres de côté entièrement voué aux livres d'architecture.

ici ou là-bas. L'architecte ne sait, tant il refuse de voir découper sa vie en tranches. Son bureau, qui fut sa maison, est désormais sa maison de jour, voilà tout. « Le soir, dit-il, on se transporte ici. Depuis que je ne vais plus aux États-Unis, j'ai une existence extrêmement ritualisée. » Le rouge du vin va bien dans l'ordonnancement des couleurs et des formes. On le soupçonne d'aimer le vin, aussi, pour cela.

Il parle, enfin, de la vie dans cet espace. Le quotidien, semble-t-il, s'intègre dans son utopie construite. Il y a bel et bien une machine à laver, des placards, des débarras. Il les a logés dans l'épaisseur des murs, invisibles, pour que l'espace intérieur soit libéré de ces contraintes trop prosaïques. Tout est maîtrisé.

Restent cependant les petits-enfants, qui viennent de temps en temps. « Je suis, dans ces cas-là, comme un animal pris dans les phares d'une voiture. Pétrifié. Je ne bouge plus. J'attends de voir ce qui sera cassé, ou sali. Pour les enfants, il faut avouer que cette maison est nettement moins commode que l'autre. »

De retour, justement, dans la maison des origines, il nous convie à quelques secondes de méditation dans sa cour intérieure, entre les colonnes romaines. L'endroit tient du patio, du cloître, du péristyle romain. On y trouve aussi une étrange cheminée dont le conduit est percé d'une meurtrière. Il passe doucement la main à l'intérieur. « Vous sentez ? Il y a là une marque. C'est un ami qui m'a fait ce cadeau. À chacun de mes anniversaires, je viens vérifier que l'ombre tracée par cette marque sur la brique est la même. Je serais extrêmement triste si je constatais, un jour, une quelconque différence. J'aime la stabilité. Je déteste profondément ce qui change. » ■

Ils sont ensemble depuis l'Université...

Ordre et chaos

Robert **Venturi** et Denise **Scott Brown**

1925
Naissance à Philadelphie.
1962
Maison à Chestnut Hill (USA).
1972
L'Enseignement de Las Vegas.
1976
Basco show room, Philadelphie.
1991
Prix Pritzker.
1991
Extension de la National Gallery à Londres.
1992
Kirifuri Resort à Nikko (Japon).

DERRIÈRE LA PORTE DE LA VÉRANDA, tout au bout de l'allée plantée d'arbres comme celle d'un château, c'est Mac Donald qui vous accueille. « Welcome » en lettres lumineuses, sous le *M* presque gothique, jaune flamboyant, du géant américain. À travers le néon de l'enseigne, le regard devine un Mickey en plastique, qui pointe un index goguenard. Après le roi du hamburger, Walt Disney. Sûr que Coca-Cola doit veiller derrière, dans le salon. Il y trône, en effet, sous la forme d'une bouteille géante, plutôt rétro, en compagnie d'un cactus d'Arizona en carton-pâte.

Pour autant, le maître des lieux n'est pas chauvin : Mistinguett pose sur une très parisienne affiche des années folles et contemple son double en poupée de chiffon, affalée sur le canapé. Vous esquissez un sourire ? Robert Venturi en a l'habitude, il ne se vexe pas. Très pince-sans-rire, il va au contraire chercher dans le salon sa dernière trouvaille, un terrifiant seau à glace en forme de citrouille. Tout Halloween *made in Taiwan*. Un trésor qu'il conserve précieusement entre un original d'Andy Warhol, une lampe Tiffany, un canapé de famille et les couches successives de ses « souvenirs ».

L'homme, lui, est austère. Regard ailleurs, mains toujours en mouvement, comme pour tracer d'impossibles dessins, lunettes carrées, chemise invariablement bleu ciel, costume gris. Sans doute faut-il être stable, pour faire virevolter le monde autour de soi. « Comme personnage, écrit-il, je suis un cynique. Comme artiste, un naïf. » Il faut également travailler, beaucoup. « Cela faisait dix ans que je ne m'étais pas assis en plein jour à la table de ce salon. Normalement, à cette heure-ci, je suis toujours au bureau, samedis et dimanches compris. » Reste le soir. Mais depuis le départ de son fils, la vie de famille s'est surtout concentrée dans la cuisine, devant un

Page de gauche
Devant leur maison de style art nouveau, Robert Venturi et Denise Scott Brown ont déposé la cuve d'une ancienne station-service. Le ton est donné.

fort banal poste de télévision. « Et dire que notre fils, enfant, n'a jamais eu le droit de regarder la télévision en mangeant... »

Aux côtés de Robert Venturi, il y a toujours son épouse, Denise Scott Brown. Venue d'Afrique du Sud, elle signe avec lui la plupart de ses projets. Elle est, semble-t-il, au moins pour moitié dans le délire de cet intérieur. On s'étonne que l'on puisse ainsi aller si loin à deux. Il doit forcément y avoir conflit, discussion, négociation. Point du tout : « Bob et moi nous sommes rencontrés en 1960, sur les bancs de l'Université de Pennsylvanie. D'emblée, nous avons été complices. À l'époque déjà, quand il me montrait quelque chose, je lui disais : je peux faire mieux, je connais encore pire. Depuis, nous avons cheminé ensemble. »

Premier syncrétisme : les deux amoureux ont dû assimiler, dès ces années d'apprentissage, les influences majeures et contradictoires de Philadelphie. Ils ont eu deux modèles, qui incarnent à des époques différentes deux manières de concevoir l'architecture. Frank Furness, d'un côté, enfant du pays et auteur au siècle dernier de compositions officielles chargées comme des pâtisseries

Le parc, dessiné au début du siècle, n'a jamais été modifié.

Ci-contre
Au-delà de la provocation, l'affirmation d'une théorie qui récuse la notion de bon et de mauvais goût.

welcome

Souvenirs personnels de voyage et créations de designers cohabitent sans complexes.

géantes. On lui doit notamment, sur le campus universitaire, une bibliothèque en stuc rouge, que Venturi a été – coïncidence ? – chargé de rénover. À l'opposé, Louis Kahn, qui a également fait toute sa carrière dans cette ville. Le type même du moderniste convaincu, chantre du minimalisme, maître de la construction en brique. Entre les deux esthétiques, les deux étudiants ont choisi de ne pas choisir. C'était, à l'époque, la décision la plus osée.

Le couple sait bien tout ce que lui ont coûté ces formules à l'emporte-pièce, ces gestes de provocation et cet amour proclamé haut et fort

« Le bon goût n'est que le reflet d'une classe sociale. La beauté est un résidu, pas une fin en soi. On peut aimer le ketchup et l'art zen. »

pour le « mauvais » goût. « Mauvais ? Comment employer ce qualificatif aujourd'hui, après toute l'action du pop art ? Le bon goût est seulement le reflet d'une classe sociale. La beauté est un résidu, pas une fin en soi. Oui, on peut aimer le ketchup, les bungalows, les stations-service, mais aussi le Japon zen et Palladio. Il a fallu attendre que la révolution industrielle

soit achevée pour que les architectes intègrent la beauté des usines. Faudra-t-il attendre que le commerce soit mort pour découvrir celle d'un néon ou d'un hypermarché ? »

Facile à dire, mais cependant difficile à vivre. S'il fut, très tôt, un maître à penser incontesté pour toute une génération, Robert Venturi dut attendre la maturité pour décrocher ses plus grands projets et convaincre ses plus gros clients. Il est vrai que, désormais, il est gâté. Les plus prestigieux des campus américains se l'arrachent. Il achève un hôtel au Japon. Il construit à Toulouse le siège du

Rapportée d'un voyage, cette icône représente un paysage d'Amérique du Sud. Le couple Venturi adore les détournements d'image.

SOANE · BORROMINI · BEETHOVEN
RICHARDSON · THOMSON · MACKINTOSH · SANSOVINO · BERNINI · VERDI
EGBERT

Conseil général. Mais la critique reste sévère, et le tollé n'est jamais loin. L'extension de la National Gallery, à Londres, a réussi à déclencher la colère historique du prince Charles, qui n'en revenait pas que l'on tourne l'architecture classique en dérision, par des frontons coupés ou des pilastres non répertoriés. Réponse en forme de trait : « Que les critiques britanniques n'aiment pas mon design ne signifie pas obligatoirement que mon design soit bon… »

Les boiseries de la salle à manger sont d'origine. Mais c'est Robert Venturi qui a peint, au-dessus, la liste de ses maîtres.

Venturi a appris à prendre la polémique avec distance. Il sait, lui, tout ce qu'il met derrière ses pieds de nez. Pas un seul de ses projets qui ne soit une théorie, un manifeste dont tous les termes sont pesés. Ainsi en va-t-il, à plus forte raison, dans sa propre maison. Cet apparent n'importe quoi est empilé à sa juste place. Il est fait pour être contemplé depuis tel ou tel fauteuil, dans un moment de divagation rêveuse. Les objets sont choisis pour leur puissance, leur

Sur un mur peint au pochoir, un tableau de Roy Lichtenstein.

force intérieure. Et rien n'est laissé au hasard ensuite, dans la rencontre fortuite entre la toile de maître et le joyau de bimbeloterie.

Un grand escalier monumental bute sur une série de vues de Rome entourant un portrait de Lénine. On pressent le grand télescopage des références. Il vient en effet, mais là où l'on ne l'attend pas : « Vous ne trouvez pas que cette demeure est très inspirée par Charles Rennie Mackintosh et l'art nouveau allemand ? » Il y a, c'est vrai, quelques boiseries sombres, des formes qui s'allongent, manteaux de cheminées ou rayonnages de bibliothèque, dans la manière du maître écossais. « Ce n'est pas un hasard, continue Venturi. Milton F. Madery, l'architecte qui a construit cette maison au début du siècle, travaillait en effet pour un client allemand. C'est la seule maison qu'il ait construite dans ce style. Mais ce n'est pas pour cela, d'abord, qu'on en est tombé amoureux. C'est plutôt parce qu'elle avait, tout simplement, l'odeur d'une bonne vieille maison. »

On est alors en 1972. Robert Venturi s'est rendu célèbre, dix ans auparavant, avec une maison individuelle réalisée pour sa propre mère sur les hauteurs de Chestnut Hill, à Philadelphie. Une variation, en béton et verre, sur le thème du pavillon américain, avec fenêtres en bandeaux et toitures en pente, faussement symétriques. Un classique, déjà, de l'architecture moderne.

Mais pour lui-même, il choisit une autre voie. Il accepte ce qui existe, se fait discret pour revêtir les habits d'un autre. Rien à l'extérieur, tout à l'intérieur. Pas d'intervention architecturale à proprement parler, mais une avalanche de décorations qui va finir par imprégner l'architecture.

Learning from Las Vegas (L'Enseignement de Las Vegas), c'était il y a trente ans. Ce livre fut une bombe. Pour la première fois, un homme de culture affirmait qu'il y a une beauté dans les néons, les affiches publicitaires et les délires des sociétés de loisirs. Son autre manifeste porte un titre également évocateur : *Complexity and Contradiction in Architecture (Complexité et contradiction en architecture)*. Les thèses en sont simples, mais elles choquent. Plutôt que d'exclure, pourquoi ne pas conjuguer ? Pourquoi oublier Palladio pour faire allégeance à Le Corbusier ? Pourquoi récuser l'histoire sous prétexte de modernité ? Ne pas enrichir plutôt que de viser le strict minimum ? Retournant avec éclat le fameux mot d'ordre de Mies van der Rohe, *less is more* (« moins, c'est plus »), Venturi invente un nouveau principe :

La flèche est un tableau d'Allan d'Archangelo, cité dans L'Enseignement de Las Vegas *avec ce commentaire : « Quand l'intersection devient un trèfle, il faut tourner à droite pour tourner à gauche. »*

more is not less (« plus n'est pas moins »). C'est à partir de là que va se développer, aux États-Unis, le postmodernisme. Un mélange de références à l'histoire et d'exaltation de la modernité dont le succès commercial, sous

une forme souvent vulgarisée par les promoteurs, sera immense. Aujourd'hui, Venturi n'en démord pas, même s'il refuse toute étiquette : « Je viens de fêter, avec toute l'émotion qui s'impose, le cinquantième anniversaire de ma première visite à Rome. Et j'aime toujours Las Vegas. »

Robert Venturi est né et habite à Philadelphie. Ses parents étaient des immigrés venus d'Italie. Ces deux détails biographiques ont chacun leur importance. D'abord, parce qu'à l'arrière-plan, dans l'éducation de Venturi, il y a toute la culture du Vieux Continent. Mais aussi parce que Philadelphie est une ville clé dans l'histoire américaine. C'est là que se joua, avec Benjamin Franklin, la naissance d'un État indépendant. C'est là également que le pays vécut l'aventure des Quakers. Sous l'influence de William Penn, ces derniers avaient réussi à vivre en parfaite intelligence avec les Indiens. Aucune communauté n'excluait l'autre. « Philadelphie » : mot à mot, la ville de l'amour universel. Un rêve déjà postmoderne, même si l'architecte, lui, ne déborde pas d'enthousiasme pour sa propre ville. « C'est pratique. Il y a un bon aéroport d'où on peut aller partout. Et comme c'est un peu ennuyeux, personne ne vient jamais vous voir, ce qui laisse du temps pour travailler. »

Chez lui, en tout cas, Venturi a décidé de ne rien exclure. Et même de magnifier, contre toute attente, l'esprit désuet qui plane sur cette demeure construite par un autre. Derrière les portes vitrées, petits carreaux au plomb, on aperçoit le parc. Pelouses, sentiers, bosquets. L'artiste a juste apposé sa marque en plantant un palmier… en plastique. Officiellement, on est encore en ville. Mais tout autour, ce ne sont que des pavillons tranquilles. Au fond du vallon court une rivière. Elle traverse des gorges escarpées, rebondit en cascades et finit *downtown*. Un endroit fréquenté par les plus célèbres des poètes américains, dont Edgar Allan Poe. « En plus, commente Venturi, c'est l'un des seuls quartiers des États-Unis où les Noirs et les Blancs vivent ensemble, en bon voisinage. Cela peut paraître la moindre des choses à un Européen, c'est extraordinaire dans ce pays. »

Toujours cette recherche de la pluralité, de la plus extrême ouverture. Le regard, à l'intérieur, glisse une nouvelle fois sur ce bric-à-brac qui n'en est pas un. Un fauteuil à carreaux, des barbotines, un canapé Belle Époque rescapé, paraît-il, de la démolition d'un hôtel d'Atlantic City, une boule de neige souvenir. Au fronton de la salle à manger, inscrits en lettres rouges, les maîtres revendiqués : Michel-Ange, Palladio, Beethoven… L'ensemble semble plutôt serein, maîtrisé. Ordre ou chaos ? C'est toute la question. « Notre travail, c'est de découvrir le désordre derrière l'ordre apparent. Nous sommes des maniéristes. Nous affectons d'aimer l'ordre pour mieux le détruire. Mais nous essayons, aussi, de composer le désordre. » ■

À gauche
Les chemises sont toutes taillées sur le même modèle. Il faut être sobre pour faire virevolter le monde.

Page de droite
Lénine encadré par des perspectives de Rome. « C'est le choc qui m'intéresse. Je ne suis pas communiste. »

Jeux de reflets et de transparence.

Un balcon sur le vide

Shoei **Yoh**

LE VENT EST TERRIBLE, SUR LA PÉNINSULE d'Itoshima, mais c'est un vent sacré pour les Japonais qui connaissent leur histoire. 1274 : les Mongols, déjà maîtres de la Corée et d'une partie de la Chine, débarquent ici, sur cette côte rocheuse creusée de petites plages et de criques. Les samouraïs sont défaits, le pays est en danger. Les moines invoquent alors les dieux et les dieux écoutent leurs prières. Une tempête déchaîne soudain les flots, si incroyable qu'elle épouvante les assaillants. Les Mongols terrorisés quittent précipitamment cette terre trop ingrate. Il leur faudra sept ans pour s'en remettre. Pourtant, une fois la leçon oubliée, ils reviendront. En vain. Cette fois, c'est un cyclone qu'ils trouveront sur leur route. De nouveau, ils buteront sur la nature, comme ultime rempart de l'île. Pour rendre hommage à ce fléau miraculeux, les Japonais lui ont trouvé un nom : ce typhon-là, c'est *Kamikaze*, « le vent des dieux » en japonais.

Shoei Yoh a feint d'ignorer, un jour, les bulletins météo. Dans sa maison suspendue entre ciel et mer, il s'est laissé enfermer un jour de typhon. Prisonnier volontaire, livré aux éléments déchaînés de ce bout du monde. Il a vu, alors, l'eau et l'air mêlés sous les bourrasques, les lumières d'apocalypse qui déchirent les nuages. Il a senti les murs tout en verre, autour de lui, vibrer sous les assauts du vent. Les

1940
Naissance à Kumamoto.
1989
Musée du Gaz, Saibu, Japon.
1990
« La pyramide de la mer », terminal des ferries de Misumi, Kumamoto, Japon.
1992
Tour d'observation « Prospecta 92 », Toyama, Japon.
1993
Station-service à Oguni, près du mont Aso, Japon.
1996
Sundial House, Fukuoka, Japon.

Une maison suspendue à la falaise, au-dessus de la mer du Japon.

structures trembler, grincer, respirer. Sa maison a plié, mais elle n'a pas rompu. Il lui fallait vivre cette expérience : il l'a vécue. Désormais, l'architecte agit plutôt en navigateur avisé. Il reste au port, autrement dit dans la grande ville de l'île de Kyushu, Fukuoka, quand les nouvelles du ciel sont mauvaises. Sans doute ne peut-on être vraiment kamikaze qu'une fois dans sa vie.

Il est vrai que cette maison est, jour après jour, une expérience de la limite. Le ciel, la mer, la montagne et rien d'autre. La route se tient sur les hauteurs, en corniche. « D'ici à la mer, constate Shoei Yoh, il y a 140 mètres. Soit à peu près la hauteur d'un gratte-ciel. » La comparaison est insolite, dans un tel décor. Elle n'est évidemment pas innocente dans la bouche d'un architecte. La nature, pour lui, peut et doit dialoguer avec l'art de construire. Sur cette falaise couverte de végétation tropicale qui dévale dans la mer du Japon, l'architecte a donc planté d'abord deux gros murs, parallèles de béton. Il les a creusés, sculptés pour encadrer le paysage, mais point trop néanmoins. Il fallait conserver leur aspect brut, massif, rappeler au visiteur que ce sont eux, et eux seulement, les maîtres du jeu.

C'est en effet entre ces deux éléments qu'est accrochée, sans jamais reposer sur le sol, la maison proprement dite. Tout au plus effleure-t-elle la terre, comme pour mieux marquer ses distances. Cela donne, en résumé, un plancher

Ci-dessous
Dans cet intérieur voué à la transparence, la plupart des meubles et des bibelots sont en verre.

et un plafond – soit deux lignes horizontales – suspendus en porte-à-faux au-dessus du vide. L'ensemble tient grâce à quelques tubes d'acier filiformes et presque invisibles qui charpentent le tout et s'accrochent aux deux pans de béton. De loin, l'édifice apparaît comme un impossible trait d'union entre la terre et la mer. Le pont-levis d'une forteresse imaginaire. Une métaphore technologique, peut-être, de toutes les forces, les énergies et les courants qui caractérisent le paysage quasiment tropical de cette région perdue au sud de l'archipel du Japon.

Réduire l'enveloppe au minimum, de façon à rester en contact étroit avec la nature. Autour du piano, cependant, ont été posés des panneaux perforés pour une meilleure acoustique.

À l'arrière, côté cour si l'on veut, la structure qui amarre le tout vient discrètement s'enterrer dans le sol, sous un petit jardin où l'architecte ne manque pas de montrer, en bon Japonais, les arbres fruitiers et plus particulièrement les cerisiers, qui font à chaque printemps de si belles fleurs. L'espace est fermé, petit, familier, antithèse délibérée du grand paysage sans limites qui s'ouvre de l'autre côté. Il y a aussi une piscine, tout en longueur, logée entre deux énormes poutres de béton que l'on devine soumises à des contraintes considérables. « Ce bassin ? C'est le contrepoids. Si on le vide, la maison bascule sur l'avant » , dit Shoei Yoh. Il rit, bien sûr, mais on ne jurerait pas qu'il plaisante vraiment. Après tout, rien ne semble vraiment impossible dans cet univers en constante lévitation.

Il restait quand même à enclore le tout pour faire de ces deux plans parallèles une vraie maison. Dans la foulée, Shoei Yoh a choisi d'être aussi minimaliste que possible. Depuis ses débuts, il est fasciné par le travail sur le verre accompli par Mies van der Rohe. Il est déjà

Au-delà du bain quotidien, l'expérience du vide.

l'auteur, pour lui-même, d'une maison en verre qui lui sert désormais d'agence. Mais cette fois, il décide d'aller encore plus loin. Il opte pour la transparence maximale. Sans aucune exception, les murs extérieurs se réduisent donc à de simples panneaux de verre. D'ordinaire, ces derniers sont vissés ou clippés à des supports métalliques. Ici, Shoei Yoh a jugé qu'une charpente aurait fatalement arrêté le regard, brisé la magie. Il a donc décidé de coller ses panneaux à la silicone, tout simplement, entre sol et plafond. Advienne que pourra.

L'ensemble est largement expérimental, il en convient volontiers. « Ce que j'ai fait là, je n'aurais pu le faire pour aucun autre client que moi-même, explique l'architecte. Et mon entrepreneur n'aurait pas accepté de le construire pour quelqu'un d'autre. Certes, les calculs certifient que les technologies employées sont appropriées. Mais celles-ci

Travailler le verre, c'est aussi jouer des reflets, ne pas gommer totalement la perception de la matière.

n'ont pas encore été entérinées par l'expérience, puisqu'elles sont nouvelles. »

L'homme aime ainsi lancer des défis aux matériaux, les pousser à leur limite. Dès 1979, il a construit à Kinoshita, non loin de Fukuoka, une clinique... en plastique, amarrée au sol comme un ballon dirigeable. Il a aussi été l'un des premiers à réactualiser la structure de bois au Japon. Dans un chantier, sur un gymnase, il a à cet effet associé l'art traditionnel de la charpente à l'utilisation de résines sophistiquées aux points d'intersection des poutres. Résultat, une résolution nouvelle, plus harmonieuse, des contraintes de forces liées à la taille inhabituelle du bâtiment.

« Dans ma propre maison, explique-t-il, je suis entièrement livré à la nature. Le moindre des événements naturels prend une importance extraordinaire et devient un geste artistique. Une percée de soleil entre les nuages, une tempête, un jour de brume, un ciel d'orage parsemé d'éclairs qui brusquement illuminent la table où je dîne avec ma femme... Aucun mur plein ne vient s'interposer entre la nature et moi. Cette maison se réduit à une paroi immatérielle, visible et invisible en même temps. C'est une clôture à la vie familiale qui cependant ne l'enferme pas. » Parfois, cette immersion totale prend d'étranges proportions quand, en hiver, la vue se brouille et que les embruns déposent, au gré des tempêtes, une pellicule de sel qui fait de ce parallélépipède en équilibre un improbable fantôme.

Mettre en scène la puissance de la nature : la thématique lui est chère. Le dernier livre qu'il vient de publier s'intitule *En réponse aux phénomènes naturels*, et l'une de ses fiertés est d'avoir construit, à Toyama, en 1992, un étrange cube perché au sommet d'une montagne, qui n'a d'autre fonction que d'être un « musée en plein air permettant d'observer la beauté de la terre et de l'Univers ». Au reste, il n'est pas écologiste. Plutôt contemplatif ou mystique. Voire simplement pragmatique. « Les forces qui sont en jeu dans la nature, la résistance des matériaux, leur évolution dans le temps sont au cœur de mon travail d'architecte. Je ne peux que construire en utilisant la nature. Il est normal que je lui rende hommage. »

« Je me suis entièrement livré à la nature. Ici, le moindre événement climatique prend une importance extraordinaire et devient un geste artistique. »

Rendre hommage, ce n'est bien entendu en aucun cas s'effacer ou tenter de dissimuler l'intervention humaine. Au contraire. À bien y

Au-delà de la maison, le balcon, comme une réflexion sur les limites.

regarder, cette maison a beau être en verre, elle n'est pas vraiment transparente. Or, Shoei Yoh sait ce que signifie la transparence. Venu à l'architecture sur le tard, comme son célèbre compatriote et confrère Tadao Ando, il est d'abord passé par l'économie, qu'il a étudiée à l'Université de Tokyo, puis par le design de meubles. Et il s'est fait une réputation dans ce métier en concevant des meubles en verre d'une transparence presque parfaite : tables et chaises quasiment invisibles, dont on trouve d'ailleurs quelques pièces dans son intérieur d'aujourd'hui. « Les parois de verre de ma maison, au contraire, ont une épaisseur de 19 millimètres. J'ai cherché à souligner cette matérialité, à laisser deviner à chaque angle leur tranche, et par là même leur consistance. Je n'ai pas non plus essayé de supprimer toute la teinte de la matière. Naturellement, le verre reste très légèrement bleuté, ce qui ne me gêne absolument pas, au contraire. » Il y a aussi, face à l'entrée, un grand balcon qui s'avance sur le vide, et dont la rambarde est d'un bleu encore plus soutenu. Cela fait, pour qui observe le paysage de l'intérieur, un plan de plus, un voile superposé dont la frontière se confond parfois, selon les angles, avec l'horizon.

« Je sais que cette maison est loin de l'idée de "logis" communément admise, commente encore Shoei Yoh. Malgré la climatisation et le chauffage, nous sommes exposés au chaud et au froid. Malgré cet emplacement exceptionnel, nous sommes en permanence sous le regard des autres : des pêcheurs qui naviguent en face, des rares voisins que nous ayons. Mais le défi est précisément d'arriver à peupler ce presque rien de tout ce que nous sommes. »

Régulièrement, il se lève pour remettre un disque, ambiance plutôt techno, sur une chaîne hi-fi profilée comme une aile d'avion. Sert un thé vert. Rectifie l'ordonnancement

d'un *ikebana*, ces arrangements floraux qui sont la spécialité de sa femme. Commente les bibelots, tous en verre, qui sont venus, au fil des ans, peupler son rêve de vide sans l'altérer. À part un petit bureau et sa chambre, qui donne directement sur la falaise, la vie se concentre dans une pièce unique, pour autant que l'on puisse appeler pièce cette fragile bulle de verre. « Il n'y a chez moi, conclut-il, aucune incompatibilité entre la tradition, la nature et la technologie. » ■

La baie des Kamikazes, par où débarquèrent les Mongols venus envahir le Japon.

Notices biographiques

Ricardo Bofill

Né à Barcelone en 1939, Ricardo Bofill s'est imposé dans son pays comme un architecte d'avant-garde. Après des recherches sur la « Ville dans l'espace », il a construit notamment l'immeuble d'habitation Walden 7, version revisitée des ksour marocains. Fondateur du « Taller de Arquitectura » en 1963, il arrive en France pour travailler dans les villes nouvelles. Il insiste alors sur l'industrialisation des procédés de construction, tout en récupérant le langage de l'architecture classique. Le Palacio d'Abraxas, à Marne-la-Vallée, les Arcades du Lac à Saint-Quentin-en-Yvelines ou les Colonnes de Cergy-Pontoise datent de cette période. Dans les années 80, il se consacre également à la construction d'un morceau de ville à Montpellier : Antigone. Depuis, son travail a pris une dimension internationale et s'est orienté vers la recherche d'un « classicisme moderne » qui intègre des matériaux tels que verre et acier. Le marché Saint-Honoré, à Paris, l'aéroport de Barcelone, le Théâtre national de Catalogne, un gratte-ciel à Chicago sont issus de cette veine.

Paul Chemetov

Né en 1928 à Paris, Paul Chemetov est le fils d'un artiste immigré russe, auquel il affirme devoir beaucoup. Fondateur, en 1961, de l'Atelier d'Urbanisme et d'Architecture (AUA), l'architecte commence sa carrière dans le logement social. Il travaille alors à Villejuif, Romainville, Vigneux-sur-Seine, et flirte, idéologiquement, avec le marxisme. Il sera d'ailleurs l'architecte d'exécution du Brésilien Oscar Niemeyer pour la construction du siège du PCF, à Paris. Dans les années 80, Paul Chemetov est associé au programme des grands travaux de François Mitterrand. Il réalise ainsi le nouveau ministère des Finances à Bercy et rénove la grande galerie de l'Évolution du Muséum d'histoire naturelle de Paris. Souvent associé à d'autres architectes (notamment Borja Huidobroro), il revendique une certaine forme de non-style. « Dans mon architecture, dit-il, il n'y a rien à voir. Il y a juste à habiter. »

Günther Domenig

Né à 1934 à Klagenfurt, Günther Domenig est l'un des plus illustres représentants de ce que l'on a appelé « l'École de Graz ». Son agence est en effet installée dans cette ville d'Autriche, capitale de la Styrie. De son enfance passée en Carinthie, Domenig a retenu des paysages faits d'alpages, de vallées riantes, mais aussi de rochers, de gorges et de montagnes escarpées. Ces motifs se sont ancrés dans sa mémoire au point de devenir les référents implicites de son architecture. Celle-ci s'inscrit en rupture avec tout contexte historique ou directement géographique. Il s'agit plutôt, pour lui, d'explorer et de reconstruire, avec l'aide de la géométrie et de l'ordinateur, des formes qui l'obsèdent. Une démarche que l'on peut rapprocher du déconstructivisme. Parmi ses œuvres principales citons la « Z-Filiale » à Vienne, l'extension de l'Opéra municipal de Klagenfurt, un projet perdu pour la Bibliothèque nationale de France et un grand oiseau métallique, Nixnuznix, qui revient comme un leitmotiv dans son œuvre.

Massimiliano Fuksas
Né en 1944 à Rome, Massimiliano Fuksas a su faire passer dans son œuvre son tempérament et son exubérance. Peintre avant d'être architecte (il a fréquenté dans sa jeunesse l'atelier de Giorgio De Chirico), il rêve ses projets à grands coups de pinceaux. Il sait aussi leur donner corps, puisqu'il a construit, notamment, l'îlot Candie-Saint-Bernard à Paris, restauré le couvent des Pénitents à Rouen, ou encore aménagé le musée des Graffitis et de la Préhistoire à Niaux (France). Bardages de bois, tuffeau, tôles, zinc, vitrages transparents ou réfléchissants, cuivre pré-oxydé : son œuvre se caractérise par une très grande liberté quant au choix des matériaux. La mise en forme de l'espace, qui privilégie les angles aigus et l'appréhension des détails, est également très personnelle. « Une œuvre que l'on ne peut définir ni comme de l'architecture, ni comme de la sculpture, ou indifféremment comme soit l'une soit l'autre. Exactement comme pour les œuvres du Land Art », écrit Doriana Mandrelli, son épouse, critique d'art.

Vittorio Gregotti
Né en 1927 à Novare, en Italie du Nord, Vittorio Gregotti est considéré comme l'un des grands maîtres de l'architecture italienne d'après-guerre. Un rôle qu'il doit à la fois à ses prises de positions théoriques et à ses réalisations. Auteur de nombreux ouvrages sur l'architecture (*Questioni di architettura*, 1986, *La Città visibile,* 1993, *Le Scarpe di Van Gogh*, 1994...), rédacteur en chef de la très influente revue *Casabella* à partir de 1953, il a formalisé à plusieurs reprises sa pratique. Parmi ses idées majeures figure l'inscription de l'architecture dans le paysage. Pour lui, l'architecte ne doit pas chercher à s'intégrer dans un site ni à se faire oublier. Il doit au contraire assumer, et exalter, la transformation du contexte qui résulte de son intervention. L'Université de Cosenza, dont la construction a démarré en 1973, illustre ce parti. Elle est en effet conçue comme un viaduc qui enjambe sans vergogne les accidents du relief. Parmi les autres réalisations de Gregotti, citons le centre culturel de Belém, au Portugal, les stades de Barcelone et de Gênes, plusieurs maisons particulières, le pôle technologique Bicocca de Milan, mais aussi des mises en scène d'expositions (Le Corbusier à Beaubourg, Show room de Ferrari) et même... deux bateaux de croisière commandés par la compagnie Costa.

Hiroshi Hara
Né à Kawasaki en 1936, Hiroshi Hara a fait ses études d'architecte à Tokyo et aux États-Unis. Fondateur de « l'atelier Φ », il travaille à la lisière de la modernité la plus futuriste et de la tradition japonaise. Capable de dessiner des implantations dans la Lune ou la gigantesque gare de Kyoto, il se définit lui-même, philosophiquement parlant, comme un bouddhiste. C'est-à-dire qu'il intègre et revendique la contradiction dans son travail. Amoureux de la nature et de la solitude, il passe son temps à réfléchir sur les problèmes urbains, et il a été le premier à réaliser, à Osaka, des gratte-ciel reliés par des jardins suspendus. Il travaille actuellement sur le stade de la prochaine Coupe du monde de football, organisée par le Japon, dont la pelouse pourrait être mobile, afin de jouer, selon le temps, dans un espace couvert ou découvert.

Norihide Imagawa
Né à Hiroshima en 1947, Norihide Imagawa est à la fois architecte et ingénieur de structures. Il a fondé en 1978 la société TIS & Partners, qui a ouvert depuis des bureaux à Tokyo, Manille et Hiroshima. Il est passionné par les recherches sur les caractéristiques propres de tous les matériaux de construction, de l'acier au bois en passant par le béton ou le verre. Dans ce cadre, il a collaboré avec de nombreux architectes internationaux sur des projets à grande échelle, tels que l'Université de Shizuoka, la Bibliothèque régionale de Mito, ou le Skywalk Building à Singapour. Reconnu comme un expert dans son pays et à l'étranger, Imagawa est également l'inventeur d'un système tridimensionnel de structures métalliques utilisées comme armatures du béton, qui permet de gagner du temps sur les chantiers et d'améliorer la qualité du résultat final. Bien qu'il n'ait jusqu'ici signé de son nom aucun bâtiment d'importance, Imagawa envisage aujourd'hui de devenir architecte-auteur.

Enric Miralles
Né en 1955 à Barcelone, Enric Miralles s'est taillé une réputation d'architecte d'avant-garde en travaillant principalement hors de sa ville de naissance. Il fut révélé au grand public par la construction d'un cimetière à Igualada, en Espagne. Qu'il s'agisse de recomposer les abords d'une gare (au Japon), de rénover une ancienne halle (à Barcelone), ou de

traiter une avenue nouvelle (l'avenue Icaria, à Barcelone), Miralles montre une très grande attention au traitement des espaces publics. Son épouse italienne, Benedetta Tagliabue, est associée à la plupart de ses projets. Attentif au paysage, d'une sensibilité quasi mystique, il entretient à sa manière une conversation entre le site et le bâti. Cette position l'amène à utiliser, en fonction du contexte, des matériaux aussi divers que l'acier, le béton ou le bois.

Claude Parent

Né en 1923 à Neuilly-sur-Seine, Claude Parent est considéré aujourd'hui comme le précurseur de nombreux courants de l'architecture contemporaine. Associé tantôt avec des artistes (dont André Bloc), tantôt avec des philosophes (Paul Virilio), il fut l'un des architectes les plus conceptuels des années 70. Prônant une architecture opaque, brute, dépouillée, où le béton prend toute sa beauté, il adopte et remet en même temps en question les dogmes du modernisme définis par Le Corbusier. Ardent défenseur du pan incliné, il invente une utopie de l'oblique, supposée résoudre l'éternel conflit entre habiter et circuler, et modifier notre perception de l'espace. L'église Sainte-Bernadette-de-Banlay, à Nevers, illustre partiellement cette théorie qui n'a cependant jamais trouvé sa traduction urbaine. Parmi ses œuvres majeures, citons également la Maison de l'Iran, dans la Cité universitaire de Paris, la villa Drusch, ou encore la mise en forme architecturale du programme nucléaire français.

Gustav Peichl

Né en 1928 à Vienne, Gustav Peichl a été professeur à l'Académie des Beaux-Arts de Vienne de 1973 à 1996. En parallèle à sa carrière d'architecte, il a collaboré comme caricaturiste à divers journaux, sous le pseudonyme d'Ironimus. Ironique, détaché, lyrique : les qualités de l'homme donnent aussi la clé de son architecture, qui privilégie les couleurs et les formes géométriques basiques. Révélé à la critique internationale par le Kunsthalle de Bonn, dont la toiture ponctuée de tours coniques a fait le tour du monde, Gustav Peichl poursuit un travail qu'il définit comme la somme de « l'espace, la fonction, la forme, les matériaux, la couleur et la lumière ». Ce fil conducteur se lit aussi bien dans son usine d'élimination des phosphates à Berlin (1985) que dans l'extension qu'il a réalisée du Städel Museum à Francfort. Il termine actuellement un des premiers gratte-ciel de Vienne, la tour du Millénaire.

Paolo Portoghesi

Né en 1931 à Rome, Paolo Portoghesi est un ardent défenseur du postmodernisme, auquel il a donné une traduction italienne. Homme de grande culture, spécialiste de la Renaissance et du baroque romain, auquel il a consacré plusieurs ouvrages, il définit son architecture comme un dialogue avec l'histoire et la nature. Depuis la maison Baldi (1952) jusqu'à la récente mosquée de Rome en passant par le projet pour la Banca Popolare del Molise à Campobasso, il poursuit la même recherche : utilisation de courbes et contre-courbes, variations sur le langage du classicisme, travail sur les archétypes fondamentaux de l'architecture. Professeur à l'École polytechnique de Milan puis dans de nombreuses universités (Florence, Rome, Lausanne...), président de la Biennale de Venise en 1993, il a alimenté le débat sur l'architecture contemporaine par ses discours et ses prises de position autant que par ses œuvres.

Richard Rogers

Né en 1933 à Florence, Richard Rogers est Italien aussi bien qu'Anglais. Sa famille, d'origine anglaise, était en effet installée en Italie depuis plusieurs générations, et n'est rentrée en Grande-Bretagne qu'après sa naissance. Ces origines biculturelles contribuent sans doute au style de l'architecte, à la fois provocant, excentrique et élégant. Au début des années 70, Rogers s'est associé à John Young, Marco Goldschmied et Michael Davies pour intervenir tant sur des bâtiments importants que sur des quartiers de ville et des plans d'urbanisme. Il fut alors l'un des inventeurs du style « high tech », qui prône la vérité du bâtiment au détriment de la façade ainsi que la récupération de l'esthétique industrielle au sein de l'architecture culturelle et civile. Après avoir travaillé avec Norman Foster, Richard Rogers a commencé une carrière internationale en remportant le concours du Centre Georges-Pompidou (en collaboration avec Renzo Piano). Il a ensuite signé notamment le bâtiment des Lloyd's, à Londres, et le siège de Channel 4.

Heinrich Stöter

Né en 1959 à Hambourg, Heinrich Stöter a pour l'instant consacré l'essentiel de sa carrière architecturale à la réalisation de sa propre maison, E96. C'est en travaillant pour lui-même qu'il a pu en effet laisser libre cours à son imaginaire et donner corps à ses rêves teintés de surréalisme. Heinrich Stöter, qui s'intéresse également à la mise en scène de l'art contemporain, a cependant signé, dans sa région d'origine, quelques bâtiments importants, comme la reconversion de l'ancienne gare de Sineu en Centre d'art, la réhabilitation du siège de la société d'édition Der Spiegel, et plusieurs usines situées le long de l'autoroute A1.

Bernard Tschumi

Né à Lausanne en 1944, Bernard Tschumi est un théoricien de l'architecture autant qu'un bâtisseur. Il est depuis 1988 doyen de l'École d'architecture de l'Université de Columbia. Après avoir vécu à Londres, il fait actuellement la navette entre ses deux agences, installées à Paris et à New York. Cet architecte résolument moderne est apparu sur la scène internationale en remportant le concours du parc de la Villette, à Paris, qu'il a parsemé de ses Folies rouge sang. Il a également construit le Centre d'art contemporain de Tourcoing et est intervenu sur plusieurs campus, dont Columbia et l'École d'architecture de Marne-la-Vallée. Sans être à proprement parler déconstructiviste, son architecture récuse toute forme de métaphore pour conserver jalousement son secret de fabrication. Elle met l'accent sur le vide, les espaces interstitiels et la séparation des fonctions.

Oswald Mathias Ungers

Né en 1926 à Kaisersesch, Oswald Mathias Ungers est l'un des principaux architectes de l'Allemagne d'après-guerre. Professeur dans les universités de Harvard, Cornell, Berlin, UCLA, Düsseldorf et San Luca, il a marqué plusieurs générations. Considéré à ses débuts, comme un « néo-brutaliste », il part en guerre contre l'ornementation et récuse l'idée qu'un bâtiment doive s'intégrer en douceur dans un site. Il a évolué depuis vers un néoclacissisme conceptuel, où les références à l'Antiquité sont aussi importantes que celles à Le Corbursier. Essentiellement géométrique, son architecture s'est en effet peu à peu débarrassée de tout détail inutile pour mettre en œuvre de pures harmonies géométriques. Parmi ses principales réalisations figurent le musée d'architecture de Francfort (1978), l'ambassade d'Allemagne à Washington (1987), et le Centre d'art de Hambourg, récemment inauguré.

Robert Venturi

Né à Philadelphie en 1925, Robert Venturi fut l'un des maîtres à penser, dans les années 1970, de l'architecture américaine. Il fut un peu à la discipline ce que Andy Warhol fut à la peinture. Son ouvrage, *L'Enseignement de Las Vegas*, fit l'effet d'une bombe. Pour la première fois, un architecte osait exalter la beauté du grand « Strip » et comparer néons et affiches publicitaires aux canaux de Venise. Fondateur, aux USA, du postmodernisme, Robert Venturi a milité, à travers ses projets, pour la récupération des symboles et la coexistence des cultures. Il affirme attribuer autant d'importance à un motel ou à une station-service qu'à une villa de Palladio. Parmi ses réalisations majeures, citons la maison construite pour sa mère sur les hauteurs de Philadelphie, à Chestnut Hill, plusieurs centres commerciaux, de nombreuses interventions sur les campus américains, et l'extension, très controversée en son temps, de la National Gallery de Londres. Depuis le début de sa carrière, Robert Venturi est associé à son épouse, Denise Scott Brown.

Shoei Yoh

Né à Kumamoto en 1944, Shoei Yoh est venu à l'architecture sur le tard. Il a d'abord étudié l'économie, puis travaillé dans le design avant d'ouvrir, en 1970, sa propre agence d'architecture. Passionné par la mise en œuvre de matériaux nouveaux (plastiques, acier, verres collés...), l'homme est également un grand amoureux de la nature. Il est installé dans l'île de Kyushu, au sud du Japon, qui est l'une des plus sauvages de l'archipel. Son architecture tente de réconcilier ces deux aspects apparemment contradictoires de sa personnalité. Dans cet esprit, elle se définit comme la mise en scène artistique des grands événements naturels et cosmiques. Il n'est donc pas étonnant que l'on retrouve, parmi les œuvres majeures de cet architecte une pyramide d'observation qui domine un terminal de ferry, un observatoire-musée perché au sommet d'une montagne, ou encore, un musée voué au gaz à Fukuoka.

Bibliographie

Ricardo Bofill
Ricardo Bofill,
Annabelle d'Huart, Electa-Moniteur, 1989.
Espaces d'une vie,
Ricardo Bofill et Jean-Louis André,
Éditions Odile Jacob, 1994.

Paul Chemetov
Paul Chemetov - Construire aujourd'hui,
Fréderic Pousin, Daniel Treiber,
Electa Moniteur, 1985.
La Fabrique des villes,
Paul Chemetov, Éditions de l'Aube, 1992.
20 000 mots pour la ville,
Paul Chemetov, Flammarion, 1996.

Günther Domenig
Das Steinhaus,
Günther Domenig, Osterreichischen
Museum für angewandte Kunst, 1988.
Günter Domenig Werkbuch,
Raffaele Raja, Residenz Verlag, 1991.
Steinhaus,
Günther Domenig, Ritter Verlag, 1993.

Massimiliano Fuksas
Massimiliano Fuksas, un jour... une ville.
Conférences par Fuksas,
Pavillon de l'Arsenal, 1994.
One Zero architectures,
Massimiliano Fuksas,
Giorgio Mondadori, 1997.

Vittorio Gregotti
Gregotti and associates,
Joseph Rykwert, Rizzoli, 1996.
L'Identita dell'architettura europea e sua crisi,
Vittorio Gregotti, Einaudi, 1999.

Hiroshi Hara
GA Architect,
Hiroshi Hara, Yukio Futagawa
et David B. Stewart, ADA Edita.

Norihide Imagawa
Timber Companion,
Norihide Imagawa,
The Tokyo Polytechnic University.

Enric Miralles
Works and Projects 1975-1995,
Benedetta Tagliabue,
The Monacelli Press, 1996.

Claude Parent
Architecture principe,
Claude Parent et Paul Virilio,
Éditions de l'Imprimeur, 1966.
L'Architecte, bouffon social,
Claude Parent, Casterman, 1982.
Bloc, le monolithe fracturé,
Frédéric Migayrou, AFAA, 1996.

Gustav Peichl
Gustav Peichl, buildings and projects,
Verlag Gerd Hatje, 1992.

Paolo Portoghesi
Arte e natura,
Paolo Portoghesi, Gangemi Editore, 1997.
Paolo Portoghesi, opere et progetti,
Mario Pisani, Electa, 1992.

Richard Rogers
Richard Rogers - œuvres et projets,
Richard Burdett, Gallimard Electa, 1996.

Bernard Tschumi
Cinégramme folie,
Bernard Tschumi, Champ-Vallon, 1987.
Architecture and Disjonction,
Bernard Tschumi, MIT Press, 1994.

Oswald Mathias Ungers
Die Stadt in der Stadt,
O. M. Ungers, Das grüne Stadtarchipel, 1977.
Oswald Mathias Ungers,
Martin Kieren, Artemis, 1994.

Robert Venturi
L'Enseignement de Las Vegas,
Robert Venturi, Mardaga, 1978.
De l'ambiguïté en architecture,
Robert Venturi, Dunod, 1996
Iconography and electronics upon
a general architecture,
MIT Press, 1996.

Shoei Yoh
Shoei Yoh, In response to natural phenomena,
Antohony Iannacci, L'Arca Edizionni, 1997.

REMERCIEMENTS À

Tous les architectes qui ont bien voulu nous recevoir chez eux.

Constance Borde et Isabelle Camard pour les contacts qu'elles nous ont aidés à établir.

Mayumi et Norihide Imagawa et Claude Parent pour les interventions fructueuses qu'ils ont faites auprès de leurs confrères.

Shilpa Mehta chez Robert Venturi,
le secrétariat de M. Tschumi
Charlotte Kruk
et la Maison de la culture du Japon à Paris,
pour le soutien logistique qu'ils nous ont apporté.

Remerciements spéciaux à Julien Donada qui a su patiemment composer avec les emplois du temps des uns et des autres.

RESPONSABLE ÉDITORIALE
Laurence Basset
CONCEPTION GRAPHIQUE ET MAQUETTE
Jean-Christophe Husson

PHOTOGRAVURE:
Offset Publicité, à Maisons-Alfort
Imprimé en France par IME, à Baume-les-Dames

Dépôt légal : 7113 - novembre 1999
2.84277.182.6
34/1344/0-01